V&R

TÄGLICH LEBEN – BERATUNG UND SEELSORGE

In Verbindung mit der EKFuL
herausgegeben von Rüdiger Haar

Hans-Günter Schoppa

Verlust des Arbeitsplatzes

Beratung von arbeitslosen Menschen

Vandenhoeck & Ruprecht

Bibliografische Information der Deutschen Nationalbibliothek

Die Deutsche Nationalbibliothek verzeichnet diese Publikation in der Deutschen Nationalbibliografie; detaillierte bibliografische Daten sind im Internet über http://dnb.d-nb.de abrufbar.

ISBN 978-3-525-67009-5
eISBN 978-3-647-67009-6

Satz: SchwabScantechnik, Göttingen
Druck und Bindung: ⊕ Hubert & Co, Göttingen

Inhalt

Vorwort

Arbeitslosigkeit als Gegenstand und Thema für psychologische Beratung und Seelsorge zu benennen ist keine Selbstverständlichkeit. Hier betreten Ratsuchende wie Unterstützer bisher wenig kultiviertes Neuland auf einem alten Feld. Sobald es nicht nur um das materielle Überleben und die Suche nach einer neuen Stelle geht, sondern um die innere und soziale Verarbeitung dieser Situation im Leben, ist weitergehende Orientierung gefragt. Dieses Buch möchte zeigen, wie diese Konstellation von den Betroffenen erlebt wird, wie existentielle Krisenhaftigkeit und Chancen zur Umorientierung nahe beieinander liegen und wie Beratung und Seelsorge diese hochambivalenten Befindlichkeiten und Lebenslagen aufgreifen können.

Die hier dargestellten Erfahrungen und weiterführenden Überlegungen sind im Wesentlichen aus der Konzipierung und Durchführung psychologischer Beratungsprozesse an der Lebensberatungsstelle des Ev.-luth. Kirchenkreises Burgwedel-Langenhagen in Langenhagen entstanden. Seit 2005 versuchen wir dort, das, was in Kooperation mit den Jobcentern in der Region Hannover mit dem Angebot »Psychosozialer Betreuung« im Rahmen der Arbeitsförderungsreformen ermöglicht wird, so umzusetzen, dass es sich zu einem eigenständigen und dem Bedarf angemessenen Engagement entwickelt.

Dank gebührt meinerseits zunächst den Klientinnen und Klienten, die beispielhaft in ihren Erfahrungen und Worten (verallgemeinernd) zitiert werden konnten und allen, die im Austausch über diese Arbeit stehen und in Fallbesprechungen und -supervisionen an einem angemessenen Vorgehen arbeiten, so etwa den Kolleginnen und Kollegen an der Beratungsstelle in Langenhagen und anderen in diesem Arbeitsfeld vor Ort Tätigen.

Für hilfreiche Korrekturvorschläge im Text danke ich Reinhard Vetter von der landeskirchlichen Hauptstelle für Lebensberatung in Hannover. Rüdiger Haar, dem Herausgeber der Reihe »Täglich leben« sei für seine Einladung zum Schreiben, einige Kommentierungen und bestätigende Unterstützung des Projekts gedankt.

Da das Schreiben neben unvermindertem Berufsalltag erfolgte und so häufig auch auf Kosten wertvoller privater Zeit ging, danke ich meiner Frau Ruth Hoffmann für jede gegebene Unterstützung und Anregung sowie meinem Sohn Jim, der stolz auf das Ergebnis wartet.

Hannover, im April 2010   Hans-Günter Schoppa

Einleitung: Arbeitslosigkeit als »Arbeit los sein« – warum ist dies überhaupt ein Thema für Seelsorge und Beratung?

> »Die Arbeit stellt der Menschen stärkste Bindung an die Realität dar.«
> (Sigmund Freud)

> »Arbeitslosigkeit ist die größte Wunde der Gesellschaft. Wie viel Hoffnungen, wie viel Lebensmut werden hier zerstört! Wie viel guter Wille, wie viel Leistungsbereitschaft bleiben hier ungenutzt! Wie groß und wie weitverbreitet ist das Gefühl, nicht gebraucht zu werden, ja wertlos zu sein! Keine Aussicht auf Arbeit und Beschäftigung zu haben: Das kann jedes Vertrauen in die Zukunft zerstören – in die eigene und in die der Gesellschaft.«
> (Johannes Rau)

> »Arbeitslosigkeit ist ein Gewaltakt, führt zu Realitätsverlust und nimmt dem Menschen die Würde.«
> (Oskar Negt)

Arbeiten können und dürfen, eine Arbeit zu haben ist einer der höchsten Werte menschlichen Existierens – mindestens seit den Zeiten der Reformation und Aufklärung. Die antiken bis mittelalterlichen Zeiten, in denen zumindest körperliche Arbeit »Müssen«, Mühsal und Strafe bedeutete, sind lange vorbei. Der Alltagsglaube, dass Arbeit ein langes, erfülltes und glückliches Leben ermögliche, ist weit verbreitet. Arbeit ist eine der zentralen überlebenswichtigen spezifischen Tugenden des Menschen; sie ist Ausdruck tätiger Lebensweise, des Überlebenswillens und der Lebenskraft. Wer arbeitet, lebt nützlich und treibt keinen Unfug mit seinem Leben. Wer arbeitet, trägt Verantwortung; er denkt nicht nur an sich und – er lebt gottgefällig. Thomas von Aquin nennt vier Zwecke der Arbeit: Sicherung des Lebensunterhalts, Vermeidung des

Müßiggangs, Zügelung der Begierde, Ermöglichung wohltätiger Werke.

Und was hat der, der nicht arbeitet, weil er keine Arbeit hat oder bekommt oder eine ausführen muss, die ihm weder Existenzsicherheit noch gesellschaftliche Anerkennung einbringt?

In der philosophischen sowie christlichen Ethik – etwa für Bonhoeffer (1961) – ist Arbeit als göttliches Mandat oder schöpferischer Dienst des Menschen an Gott und am Nächsten und existentieller Wert menschlichen Tuns tief verankert.

»Es ist keine Schöpfung aus dem Nichts wie die Schöpfung Gottes, aber es ist ein Schaffen von Neuem auf Grund der ersten Schöpfung Gottes. Kein Mensch kann sich diesem Mandat entziehen. Denn in dem, was der Mensch hier in göttlichem Auftrage arbeitet, entsteht jenes Abbild der himmlischen Welt, das den Menschen, der Jesus Christus erkennt, an jene Welt erinnert« (ebd., 71).

Arbeiten ist gut, tut gut und macht gut. So bedeutet sie etwa für Dorothee Sölle (1986) den Beitrag des Menschen zur Weiterführung der Schöpfung Gottes. Schon von daher müsste es ihrer Meinung nach eigentlich ein existentielles (heutzutage ökonomisch verunmöglichtes) Recht auf Arbeit für alle Menschen geben. Im Sinne Martin Luthers, für den »Beruf« in der Nähe von »Berufung« als eine von Gott gestellte Aufgabe beheimatet ist, ist Arbeit »für jeden Menschen notwendig, um dem Chaos zu wehren, das »Fleisch« zu dämpfen und den Nächsten zu versorgen.« (Ev. Erwachsenenkatechismus 1975, 695). Zwar hängt Gottes Gnade nicht vom Verdienst oder der eigenen Leistung ab, aber die protestantische Arbeitsethik meint auch, dass Arbeit im menschlichen Leben eine nicht in Frage zu stellende Pflicht ist. »Gott fragt sehr wohl nach unserer Leistung, aber er beurteilt uns nicht danach.« (ebd., 704) Selbst die von Karl Marx postulierte Entfremdung der Arbeit ist gerade dadurch ein politischer Antriebsmotor für die Menschheit, revolutionär für eine bessere Welt einzutreten, in der Arbeit von allen Menschen menschenwürdig geleistet werden kann. Und was hat der, der nicht mal die Chance zur entfremdeten Tätigkeit oder gar persönlichen Leistung hat?

Arbeit wird als wertvoll angesehen unabhängig von der Qualität ihrer Gestaltung in der Realität. Selbst ein ständig über seine Arbeitsbedingungen klagender Mensch (in Deutschland nach aktuellen Umfragen die deutliche Mehrheit der Arbeitsplatzbesitzer/innen!) wird in der Regel höchstens vorübergehend mit einem Arbeitslosen tauschen wollen. Dabei sind diese Klagen in Zeiten prekärer, zum Teil menschenunwürdiger Arbeitsbedingungen (Friedrichs et al. 2009) ja mehr als berechtigt. Die frei gewählte und immerhin entlohnte Quälerei ist für die Seele allemal zuträglicher als das alimentierte erzwungene unverdiente Nichtstun. Selbst ein durchaus positiv verstandenes »Recht auf Faulheit« oder eine denkbare »Zukunft ohne Arbeit« wie in manchen futuristischen Szenarien haben keine bedeutsame Lobby zu erwarten.

Arbeit »los zu sein«, genauer: nicht arbeiten zu dürfen oder zu können bedeutet daher das hohe, wenn auch nicht unvermeidliche Risiko, den Wert seiner selbst vor sich und der Welt zu verlieren. Arbeit ist eben nicht nur Bestreiten des Lebensunterhalts, sondern besonders in ihren schöpferisch-kreativen, selbstaktivierenden Anteilen wesentlich für gelingende Selbstentfaltung und gelingendes Leben. Erst wenn Arbeit verloren geht, werden ihr unermesslicher Wert und ihre Bedeutung für den einzelnen Menschen deutlich. Mag diese besondere persönliche Arbeitsleistung auch für die Ökonomie verzichtbar sein, für den betroffenen »Arbeitnehmer« bricht in der Regel zumindest zunächst eine Welt (und auch der Glaube an eine gute und gerechte Ordnung in dieser Welt) zusammen. Er hat ja nicht nur Arbeit (an)genommen, konsumiert, die ihm der »Arbeitgeber« großzügig überlassen hat, sondern er hat etwas gegeben, Zeit, Einsatz, Kraft, Wissen, Erfahrung, Motivation; im Grunde hat er sich selbst gegeben. Die zentrale Erfahrung ist, dass die Welt ablehnt, was einer zu geben hat, dass sie es nicht mehr nötig hat, von ihm etwas Anerkennenswertes zu bekommen, dass er oder sie nicht mehr nötig ist, gebraucht wird, ein Stück »sozialer Tod«.

»Eine Entlassung kann versteckte Todesfurcht der Seele aktualisieren« (Yalom 2008, 29).

Nicht arbeiten dürfen ist dann wie nicht zu existieren oder aus dem Rahmen menschlicher Existenz herausgefallen zu sein. Fehlende Integration, Eingliederungsbedarf, Teilhabe- oder Inklusionsverlust sind hierfür nur sehr abstrakte Beschreibungen. Dies ist gleichermaßen eine Geborgenheits-, Zugehörigkeits- und Sinnkrise.

Es ist zu unterscheiden zwischen »Arbeitslosigkeit« und »Erwerbslosigkeit«. Arbeit ist mehr als nur der Erwerb von Einkommen zur Existenzsicherung. Wenn in unserer Betrachtung natürlich auch die Folgen geminderten Erwerbseinkommens bis hin zur Armut als Konsequenz der Erwerbslosigkeit mitbedacht werden, so steht doch der Verlust von Arbeit mit ihrer selbstbestätigenden, sozialen und Sinn gebenden Wirkung im Vordergrund. Wenn wir in unserer spätkapitalistischen Welt Arbeit auch nur für Geld denken können (und mehr und mehr müssen, da viele Menschen von ihrer Arbeit nicht mehr leben können), bleiben wesentliche Dimensionen eines Arbeitsplatzverlustes außer Betracht. Arbeitslosigkeit zerstört menschliche und soziale Potentiale, in dem sie Psyche, die soziale Integration der Betroffenen und damit auch gesellschaftlichen Zusammenhalt schädigt.

»Wer nicht arbeitet, soll auch nicht essen.« Auch wenn die Quelle dieses brutal ausgrenzenden Satzes so unbekannt wie allumfassend denkbar ist, wird jeder in unserer Gesellschaft aufgewachsene Mensch ihn einmal gehört haben, oder er wurde ihm sinngemäß nahe gebracht. Hier wird Arbeiten mit Überleben in Verbindung gebracht, es wird ein(e) Lebensrecht(fertigung) erst durch Arbeit behauptet. Und so empfinden die allermeisten Menschen bis heute. Die Forderung, durch Arbeit und nur durch Arbeit sein täglich Brot zu verdienen, ist gesamtgesellschaftlich psychologisch nach wie vor fundamental gültig; das bekommen sowohl Reiche, die es nicht nötig haben, wie auch Arme, die es nicht können, vom gesellschaftlichen Meinungstrend tagtäglich vorgehalten. Unsere Moral ist eine Arbeitsmoral, bis auf weiteres – entgegen allen Zukunftsentwürfen oder Außenseiterbehauptungen. Mögen manche Post-Achtundsechziger noch von einem erfüllten Leben ohne (zumindest tägliche) Arbeit geträumt haben, so ist es heute wieder »mega-in«, einen Traumjob anzustreben und seine Lebensgestaltung einem Arbeitsprimat unterzuordnen. Die Arbeit hat ihre zentrale Rolle für die Sinngebung im Leben nie verloren und in den letzten Jahrzehnten, vielleicht sogar durch die Erfahrung der allumfassenden Gefährdung ihrer Verfügbarkeit, verstärkt zurück gewonnen. Spätestens seit der Hartz IV-Reform ist Arbeit wieder das Maß aller Dinge; alles, was für einen Menschen wichtig sei und für ihn gesellschaftlich getan werden muss oder soll, wird an seine Arbeitsfähigkeit und -bereitschaft gebunden. Ohne Wiedereingliederung in den Arbeitsmarkt gibt es nur noch reglementiertes Leben von staatlichen Gnaden. In der spätkapitalistischen Wertordnung ist Erwerbsarbeit wie ein Geschenk, das viele haben, ohne es recht wert zu schätzen und (immer mehr) nicht bekommen, ohne verstehen zu können, womit sie das verdient haben. Viele fühlen sich versagt habend, schuldig, bestraft und ausgeschlossen.

Hier geht es auch um die Folgen dieser ethischen Überzeugung einer menschlichen Gemeinschaft (von der Person selbst über die Ehe bis zur Nation) für die vom Verlust ihres Arbeitsplatzes Betroffenen. Im Übrigen haben ja auch die von Arbeitslosigkeit Betroffenen zumeist dieselben Überzeugungen. Beim erzwungenen Eintritt der Arbeitslosigkeit handelt sich um eine vorübergehende Quasitraumatisierung, die allerorten »ganz normal« täglich hunderte, tausende Male geschieht, als Herausforderung zugemutet wird und im wahren Sinne des Wortes »überlebt«, das heißt, mit den eigenen Ressourcen bewältigt werden muss und kann. Es ist kein Zufall, dass unsere Gesellschaft ihre innere Verfasstheit, ja Gesundheit, über den Indikator »Höhe der Arbeitslosenzahlen« bestimmt, wie ein Patient mit sinkender oder steigender Fieberkurve. Dies ist unabhängig von der subjektiv empfundenen »Ansteckungsgefahr« ein Stimmungsbarometer für das gesamtgesellschaftliche Klima.

Eine bürgerschaftliche Solidarisierung mit Arbeitslosen ähnlich wie für Betroffene »normaler« Schicksalsschläge wie etwa Krankheit, Unfall oder Unwetterschaden gibt es nicht. Sie besteht unter günstigen Bedingungen noch, solange um die entsprechenden Arbeitsplätze öffentlich gekämpft wird; danach sind die Betroffenen für ihr weiteres Schicksal selbst verantwortlich. Hier wird schon deutlich, dass der Arbeitslosigkeit ein doppelter Charakter zugeschrieben werden muss, eben als Verlust, der schicksalhaft erlebt werden kann, aber eben auch als Herausforderung, in der eine persönliche Verantwortung besteht, die angenommen und bewältigt werden muss und kann. Ein gesellschaftlicher »Opferschutz« ist wie ja auch in vielen anderen Bereichen nur rudimentär vorhanden; »selber schuld« oder »Pech gehabt« als Haltung die Regel. Da Arbeitslose eben keine »Opfer« von »Schicksalsschlägen« im herkömmlichen Sinne sind (sie bleiben in der Tat im Status selbstbewusster, selbstbestimmter Menschen, denen die »Reparatur« ihrer Lage zugemutet, zugetraut und auch abverlangt wird) und nicht pathologisiert (wie es etwa hilflosen Kranken schnell geschieht) werden können, gibt es auch für die psychische Not in der Regel kaum angemessene Hilfssysteme.

Hilfssysteme setzen entweder bei totaler Hilflosigkeit der Opfer an oder verlangen, zeitweilig Hilfe anzunehmen und sich dann selbst weiter zu helfen. Beide Voraussetzungen sind beim Thema Arbeitslosigkeit aber nicht ohne weiteres gegeben. Dies gilt weniger für die finanzielle »Entschädigung« (deren [Un-]Angemessenheit und [Un-]Gerechtigkeit ein eigenes Thema ist!) als für die psychosozialen Konsequenzen durch nicht aus eigener Kraft zu ändernde Bedingungen, mit denen die Betroffenen weitgehend allein gelassen werden. Daran haben trotz aller anerkannten Leistungen weder persönliche Ansprechpartner in den Jobcentern, Arbeitslosenselbsthilfegruppen und auch psychosoziale Betreuung bisher entscheidend etwas ändern können, wenn sie denn überhaupt angenommen wurden. Diese Angebote leisten in ihren Nischen Beachtliches; eine gesamtgesellschaftlich getragene Solidaritätshaltung für die persönliche Krise oder Dauerlebenslage »Arbeitslosigkeit« können sie jedoch nicht ersetzen; hier sind die Betroffenen auf sich gestellt, da »Arbeitsplatzbesitzer« selbst angstvoll und verunsichert sich von den bereits Ausgeschlossenen abgrenzen. Die hier angestellten Betrachtungen mögen dazu beitragen, dass die Implikationen dieser den Menschen als Ganzes herausfordernden Notlage auch in den »normalen« und zu Recht individualisierten Kontexten von Seelsorge und Beratung spezifischer mitberücksichtigt werden.

Arbeitslosigkeit ist in der Regel wirtschaftlich bedingt. In ihren Konsequenzen ist sie aber eine Lebensbedingung für das Individuum, das in unterschiedlichem Maße von ihr bedroht, gefordert, beeinflusst und belastet wird. Die Bereitschaft und Fähigkeit, mit den Bedingungen von Arbeit und Arbeitslosigkeit im Leben umzugehen, ist sehr unterschiedlich ausgeprägt und von vielen Faktoren in Entwicklung und Lebenslauf abhängig.

Was hat ein Mensch etwa in seiner kindlichen und jugendlichen Entwicklung gelernt über Arbeitsfreude, -motivation und -zufriedenheit – hatte er überhaupt die Chance, ein positives Verhältnis zum eigenen Tun und seiner späteren Ausformung, der in der Regel abhängigen Beschäftigung, zu bekommen? Und was wurde ihm in seiner Familie und vorausgehenden Generationen darüber vermittelt, was an seiner Person seinen Wert und seine Würde ausmacht? Und was haben etwa seine Eltern für eine Rückmeldung über seinen Ehrgeiz, seine Interessen, Begabungen, seine Fähigkeiten und Interessen gegeben? Wurde er bereits in Kindergarten und Schule mit einem Versager-Image versehen oder geht er mit einer selbstverständlichen Hoffnung auf Erfolg ins Leben hinaus? Oder prägt ihn Angst und Furcht vor Fehlern und Misserfolg? Und wenn etwas schief geht, wenn er einen Verlust erleidet: was hat er gelernt, wie er damit umgehen kann, ohne seine Selbstachtung zu verlieren? Und, vor allem: hat er eine Ahnung davon, was globalisierte Ökonomie und gnadenloser Neoliberalismus im ungünstigsten Falle ihm an Selbstverantwortung für sein Schicksal auferlegen, ohne dass er Chancengleichheit, Verantwortung, Schutzverpflichtungen oder Loyalität seines Arbeitgebers und des Staates erwarten, beanspruchen oder sich auf ein löcheriges soziales »Netz« verlassen kann?

Ausgehend von seinen dabei wirksamen Startbedingungen und erworbenen Haltungen wollen wir die Chancen eines von Arbeitslosigkeit betroffenen Menschen ausloten, diese Lebenskrise zu bewältigen. Unterstützung seelsorgerischer und psychologischer Art muss diese Bedingungen verstehen und aufgreifen, um etwas beitragen zu können. Entscheidend dabei ist, zunächst auch hier die Chancen zu sehen und nicht ausschließlich vor der Übermächtigkeit und Nichtbeeinflussbarkeit wirtschaftlicher Wirkfaktoren zu resignieren. Wenn auch die Unterstützer ihre Ressourcen erkennen, positiv mental »drauf« sind und sich nicht »herunterziehen« lassen, können sie an ihrem hoffentlich sicheren Arbeitsplatz viel Gutes bewirken. Voraussetzung dafür ist wie in anderen belastenden Situationen ein Stück Selbstschutz, Selbstimmunisierung und Selbstförderung auch für die Helfer.

Zentrales Anliegen dieses Buches ist es, Haltungsmaßstäbe und Handlungsmöglichkeiten für den seelsorgerisch begleitenden und psychologisch beratenden Umgang mit von Arbeitslosigkeit betroffenen Menschen, ihren Lebenspartnern/innen und Familien zu vermitteln. Grundlegend sind dabei für mich die folgenden Ausgangspunkte aus der Perspektive des beratenden oder seelsorglichen »Unterstützers«, die den ökonomischen Bedingungen ein wenig »trotzig« entgegenstehen:

– Arbeitslosigkeit ist eine Lebenssituation oder Lebensphase, die existentielle Fragen und Herausforderungen für die Betroffenen aufwirft. Arbeitslose drohen ihren Platz in der Welt und im eigenen Leben zu verlieren.

– Arbeitslosigkeit als Lebensphase ist ein individueller und sozialer Prozess mit einem hohen Gestaltungs- und Beeinflussbarkeitspotential, kein stabiler oder unbeeinflussbarer »Zustand«.

– Arbeitslosigkeit ist keine persönliche Verfehlung oder pa-

thologische Entwicklung und stellt die menschliche Würde
der Betroffenen nicht in Frage.

– Arbeitslose können ihr »Schicksal« selbst in ihre Hände
nehmen. Sie sind selbst in der Verantwortung, bei allen
Risiken ihre Chancen zu nutzen.

– Seelsorger/-innen und Berater/-innen können Unterstützung geben, wenn sie die Situation Arbeitsloser verstehen
und ihnen eine wertschätzende solidarische Beziehungsgestaltung gelingt, in der auch Konfrontation und kritische
Infragestellung ihren Platz haben, und wenn sie sich selbst
mit ihrem eigenen Arbeits- und Leistungsethos, aber auch
mit ihren Selbststützungsmechanismen und Selbstzweifeln
auseinandergesetzt haben.

– Es gibt mehr Möglichkeiten, über das Thema Arbeitslosigkeit seelsorgerisch und beratend zu sprechen, als allgemein
angenommen wird. Gerade die erforderliche subjektive
Verarbeitung dieser Lebenssituation durch die Betroffenen
gibt hierfür viele Ansatzpunkte, die in der traditionell ver-
mittlungsorientierten Unterstützung Arbeitsloser generell
außer acht geblieben sind. Hierbei sind auch viele metho-
dische Ansätze aus Seelsorge und Psychotherapie verwend-
bar.

– Die seelsorgerische und beratende Beschäftigung mit
Arbeitslosen ist auch für die damit befassten unterstüt-
zungsbereiten und unterstützenden Menschen eine große
seelische Bereicherung, wenn sie dabei achtsam mit ihren
Ressourcen und Grenzen umgehen.

Zum Überblick

Das Buch stellt die Beschreibung der Lebenssituation Arbeitsloser anhand von einigen Beispielen an den Anfang. Bereits
hier wird deren Tragweite deutlich, die in Kapitel 2 verallgemeinernd verdeutlicht wird. Kapitel 3 wird Belastungsfakto-
ren und Bewältigungschancen detailliert ausloten, bevor in

Kapitel 4 der/die seelsorgliche oder beratende Unterstützer/
in mit den Möglichkeiten seiner/ihrer besonderen Beziehungsgestaltung in den Mittelpunkt rückt. Kapitel 5 und 6
beschreiben deren Interventionsansätze und -möglichkeiten,
bevor in Kapitel 7 Beispiele für Gesprächssequenzen aus der
beratenden Arbeit mit Arbeitslosen und ihren Familien for-
muliert werden. Kapitel 8 gibt eine zusammenfassende und
kritische Nachbemerkung. Anschließend folgen Informationen zu Kontaktmöglichkeiten bei weitergehendem Interesse.

1. Wie Menschen sich und andere in ihrer Situation der Arbeitslosigkeit erleben

> Wo ein Wille, da ein Weg ... Nicht persönlich nehmen. Das
> Schlimmste ist, wenn du es persönlich nimmst, persönlich,
> verstehst du? Wer negativ denkt, hat schon verloren ...
> Wer sagt, du seiest ein Versager? ... Du denkst zu klein!
> ... Glücklich sein ist eine Entscheidung ... Den inneren
> Schweinehund überwinden ... Stellensuche ist ein Voll-
> zeitjob ... Diskontinuitäten im Lebenslauf mehr und mehr
> erwünscht ... Und vor allem nicht verzweifeln. Vertrauen
> in die eigene Person das Wichtigste überhaupt ... Nur eine
> Frage des Willens. Nur eine Frage des Willens ...
>
> (aus Dobelli 2005)

So etwa klingen die Versuche, Arbeitslose in ihrem Erleben zu erreichen, vielleicht auch, sie da heraus zu holen – hier aus literarischer Sicht. Aber wie sieht es in den Betroffenen selbst aus? Zuerst aber: Mit wem haben wir es zu tun? Wer bedarf denn eigentlich unserer Seelsorge und Beratung? Wer sind »die Arbeitslosen«, mit denen wir es zu tun haben und wie kommen wir überhaupt in Kontakt mit ihnen? Es ist davon auszugehen, dass dieser Kontakt keine Selbstverständlichkeit ist, denn arbeitslose Menschen suchen außerhalb der sie zur Vermittlung anbietenden Jobcenter zunächst einmal höchst selten professionell gesteuerte Gespräche über ihre Situation auf. Wenn sie sich sogar vor Verwandten und Bekannten ihrer Situation schämen mögen, wieso sollten sie dann mit Außen-stehenden darüber reden? Und wie viele von ihnen halten ihre Arbeitslosigkeit für einen vorübergehenden Betriebsunfall, über den kein intensiveres Gespräch notwendig erscheint? So können wir davon ausgehen, dass wir selber Gelegenheiten zum Gespräch suchen und wahrnehmen müssen, in welchem Kontext auch immer sich dies anbieten mag.

Bei spezifischen kirchlichen Angeboten für Arbeitslose ist die Situation noch relativ einfach. Klar ist, dass im Rahmen der gesetzlich angebotenen »Psychosozialen Betreuung« in einer kirchlichen Psychologischen oder Lebensberatungsstelle, in einer Selbsthilfegruppe oder in einem für Arbeitslose »gemachten« Projekt ein Gespräch leichter anzuknüpfen ist als im Alltag des Gemeindelebens oder im Umfeld einer familienbezogenen kirchlichen Amtshandlung. Wir müssen aber damit rechnen, dass viele Menschen, die arbeitslos sind, nicht einer kirchennahen Mittelschicht angehören, sondern eher einem kirchenfernen Milieu. Deren Rückzugstendenzen und die Tatsache des mittleren Alters der meisten Betroffenen machen es auch nicht leichter. Es ist weniger damit zu rechnen, dass Langzeitarbeitslose, deren Perspektive ein dauerhaftes Alltagsleben unter eben solchen Bedingungen ist, gerade kirchlichen Ansprechpartnern/innen und Angeboten gegenüber aufgeschlossen sind. So wird es also in der Regel ein »Glücksfall« in der Notsituation sein, wenn ein Gespräch möglich ist und es sich dann auch noch auf das spezifische Thema »Leben in Arbeitslosigkeit« zentriert. Es kann sicher nicht selbstverständlich davon ausgegangen werden, dass die Lebenslage »Arbeitslosigkeit« aus sich heraus Anlass zu Seelsorge- und Beratungsgesprächen gibt, sondern dass es einer Nutzung vielfältiger Anknüpfungspunkte bedarf, um dieses Thema zur Sprache zu bringen.

Die hier beispielhaft zitierten Gespräche sind im strukturierten Rahmen der »Psychosozialen Betreuung« in einer Evangelischen Lebensberatungsstelle zustande gekommen. Namen und Schilderungen sind selbstverständlich geändert worden, ohne dass dabei das Wesentliche undeutlich würde.

»Denen bin ich doch egal,
dann ist es mir eben auch egal«

Anna D. ist wütend. Wieder hat sie aus ihr unerfindlichen Gründen weniger Arbeitslosengeld II überwiesen bekommen, als sie erwartet hatte. »Wieder die Rennerei, immer muss man sich wehren gegen diese ..., man ist denen richtig ausgeliefert.« Eine kräftige, kantige, selbstbewusste Frau mit starker Stimme und einem Gesicht, dem man ansieht, dass das Leben in ihm Spuren hinterlassen hat. Es lässt sie einige Jahre älter aussehen, als sie ist, denke ich. Sie ist einfach gekleidet, mit Jeans und Pullover, aber an den Accessoires merkt man ihren Geschmack: buntes Halstuch, einfacher aber gut abgestimmter Schmuck. Sie fährt sich durch ihre leicht rötlich hennagestylten Haare. »Meine Tochter macht das gut. Die sagt: Mama, lass Dir nichts bieten, zur Not komme ich mit. Da fühle ich mich sicherer. Ich lass mir ja doch gerne schnell etwas erzählen von denen«. Ich merke, dass mich der Gedanke, dieser Frau könnte Unrecht geschehen, auch verärgert. Sie ist mir mit ihrer handfesten Art, die die tiefen Verletzungen und Kränkungen in ihrem Leben mit einer Schutzhaltung in Schach hält, sympathisch. Sie ist Ende vierzig, schon seit vielen Jahren geschieden; ihr Lebensgefährte, den sie lange gepflegt hatte, ist vor einiger Zeit an Krebs gestorben. Frau D. schläft schlecht, grübelt lange und denkt darüber nach, welchen Sinn ihr Leben jetzt habe, was sie ohne Antwort lässt.

Frau D. ist ausgebildete Fachverkäuferin; vor zwei Jahren verlor sie ihre Anstellung durch einen Firmenkonkurs; zuletzt war sie bei einer Zeitarbeitsfirma beschäftigt, die sie vor sechs Monaten von einem auf den anderen Tag nach Haus schickte, mit anderen zusammen, da die Firma nur nach Bedarf beschäftigt. Irgendeinen Ersatz oder eine Absicherung hat es nicht gegeben. Sie hat die letzte, eine sehr einfache Arbeit im Lager – unter ihrem Ausbildungsniveau – dennoch sehr gern getan. Die körperliche Anstrengung und der Kontakt zu den anderen Beschäftigten hatten ihr gut getan. Auch die gesundheitlichen Belastungen durch eine Allergie und starke

Rückenschmerzen hatte sie lange »weggesteckt«, wie sie sagt. Jetzt musste sie noch umziehen. Ihre bisherige Wohnung, in der sie lange mit ihrem Lebensgefährten gelebt hatte, war ein paar Quadratmeter zu groß und die Miete ein paar Euro zu teuer, als dass das Jobcenter diese Kosten übernommen hätte. In einem ihr gänzlich fremden Stadtteil hat sie nun eine etwas günstigere, kleinere Wohnung bekommen – nach langem Suchen und nicht ganz unangestrengtem Offenlegenmüssen ihrer Lebenslage. Dass eine neue Umgebung auch eine Chance bieten könnte, eine traurige Lebensphase abzuschließen und Neues ins Auge zu fassen, dass ich dem Ganzen etwas Positives abzugewinnen versuche, erzeugt ein mühsames, müdes Lächeln in ihrem Gesicht. Und ich glaube mir selbst dabei nicht so recht. Dieser »Neubeginn« hat eher etwas von Entwurzelung.

Vom Jobcenter gibt es seit Monaten keine Stellenangebote mehr. Sie hat sich gelegentlich auf Zeitungsanzeigen selbst beworben – ohne Erfolg. Im Moment traut sie sich auch nicht wirklich zu, wieder in vollem Umfang arbeiten zu können. Genau das möchte sie aber, um ihre Lebensverhältnisse deutlich zu verbessern. Eine stundenweise Tätigkeit brächte sie nicht wirklich weiter. »Ganz oder gar nicht« klingt da an. Ist diese Haltung in dieser Lage eigentlich legitim? frage ich mich. Dürfen Arbeitslose eigentlich Ansprüche stellen oder müssen sie mit dem zufrieden sein, was sie kriegen können? Ich beschließe, später darauf zurückzukommen, spüre aber, wie ich auch hier eher innerlich ihre Partei nehme, sich nicht mit Halbheiten abspeisen zu lassen. Welcher »Arbeitsplatzbesitzer« würde sich so direkt vorschreiben lassen, was er oder sie zu tun oder zu lassen hätte?

Frau D.s Lieblingsbeschäftigung ist im Moment die Betreuung ihrer zwei Enkelkinder im Kindergartenalter. »Und die spielen auch am liebsten mit mir. Im zweiten Leben wäre ich gerne Erzieherin oder Lehrerin« sagt sie. Ich freue mich, dass Frau D. so klar eine »Ressource« in ihrem Leben anspricht. Aber lässt das ihre realen beruflichen Möglichkeiten nicht in einem noch graueren Licht erscheinen? Was macht sie sonst so? »Ich gehe viel spazieren, um die neue Gegend kennen zu lernen. Und ich gucke viel Fernsehen, Sachen, die so mit Krankheiten und Schicksalsschlägen zu tun haben.«

Ansonsten hat sie viel Zeit, mit der sie nicht so recht etwas anzufangen weiß. Zur Ruhe kommt sie aber auch nicht. »Ich muss immer wieder darüber nachdenken: ich weiß nicht, wofür das durchhalten gut ist.« In mir regt sich die Sorge: trägt diese Frau sich mit Suizidgedanken? Aber eigentlich ist sie nicht jemand, der seine aggressiven Impulse nur nach innen richtet. »Wenn alles schief läuft, mache ich es der Welt zum Vorwurf. Ich lasse mich nicht herabsetzen, schlecht behandeln; ich setze mich zur Wehr. Aber denen bin ich egal, dann ist es mir eben auch egal«. Dieser Satz lässt mich stutzen. Wieso denn das? Dann müssten Sie doch gerade besonders gut für sich sorgen, wenn andere das nicht tun. Ich ernte einen Blick voller Verständnislosigkeit und ahne, dass es sich hier eher um trotzige seelische Selbstverteidigung handeln muss, der ich mit meiner therapeutischen Logik fremd bleibe.

»Einen zu mir passenden Partner werde ich nicht mehr finden.« So beantwortet sie lakonisch meine Frage nach ihrer »beziehungsmäßigen« Zukunft. Woher sie das wisse und wie denn jemand sein müsse, um zu ihr zu passen, frage ich. Eine Antwort bleibt sie mir schuldig – und ich habe das Gefühl, einen Nebenschauplatz von minderer Bedeutung angesprochen zu haben. Hier geht es zunächst um Anna D.s Beziehung zu sich selbst und zum Leben – alles andere ist erstmal sekundär. Sie hat keinerlei Vorstellung von ihrer Zukunft außer als Fortsetzung der Gegenwart.

Und doch: unser Gespräch geht. Wir werden über alles reden (können). Frau D. kommt regelmäßig zur Beratung. Zwei Welten kommen in Kontakt. Eine Arbeitslose stellt die Fragen ans Leben, auf die sie keine Antwort findet und denen wir Arbeitende so gern ausweichen – schließlich haben wir anderes zu tun.

»Ich kann nichts allein, traue mir nichts zu – so war das eigentlich immer«

Luise V., 34 Jahre alt, geschieden von einem gewalttätigen Ehemann, lebt kinderlos alleine, obwohl sie sich Kinder sehr gewünscht hat, ist körperlich seit einigen Jahren schwer erkrankt und geschwächt und von daher schon lange arbeitsunfähig. Ihr Vater ist kürzlich gestorben. Es gibt einen »Bruch« im ihrem Leben, seit sie etwa fünfzehn Jahre alt ist; ihre Heimat hatte sie damals wegen einem Ausbildungsplatz verlassen. Irgendwie sei ihr Leben in der Pubertät unterbrochen worden, ihre familiäre Geborgenheit verloren gegangen. Sie hat eine starke Bindung an das, was sie sich vertraut gemacht hat; eigentlich ist sie unfähig, sich ein Leben für sich allein und auf eigene Rechnung und Verantwortung vorzustellen; starke emotionale Abhängigkeiten konstituieren ihren Lebenssinn.

Arbeitslosigkeit und Arbeitsunfähigkeit sind bei Frau V. erkennbar eben Folgen wie dann aber auch Ursachen fehlenden Selbstbewusstseins und Selbstvertrauens, fehlender emotionaler Ablösung und wenig ausgeprägter Autonomie ihrer Persönlichkeit und in ihrer Lebensführung. Aber kann man ihr das in irgendeiner Weise zum Vorwurf machen? Kann ein Mensch unter allen psychischen Bedingungen in der Lage sein, aus eigener Kraft einen Arbeitsplatz zu suchen, zu »erobern«, zu besetzen und die entsprechenden Aufgaben zu erfüllen? Braucht ein Mensch, um dies zu leisten, nicht ein Mindestmaß an Eingebunden- und Aufgehobensein und damit auch eigener seelischer Stabilität? Natürlich könnte ein Job gerade dies auch ein Stück weit mit sich bringen, aber der Weg dahin scheint verbaut. Was ist hier für den/die Berater/in die Perspektive? Sprechen wir über Arbeit oder Leben? Wie sprechen wir von Arbeit im Leben? Und wie sprechen wir über das Leben ohne Arbeit, wenn es so aussieht, dass es dabei bleiben könnte und es nicht nur um eine »Auszeit« geht? Was für einen seelsorgerischen und beratenden Auftrag haben wir hier, welchen geben wir uns selber und wie verantworten wir das?

Wir reden über die »Wurzeln« in Frau V.s Leben, Heimat und Familie. Ihre Rolle in der Familie war eigentlich die eines »Nesthäkchens«, das die engste Verbindung zu den Eltern hielt und diese versorgte. Aber genauer ist sie ein durch Arbeitsemigration »vertriebenes« Nesthäkchen, das dann auch noch in einer unglücklichen Ehe »verloren« ging. Es ist, wie wenn sie nicht wieder im nährenden Boden des Lebens anwachsen könnte. Hier steht auch in Beratung von Frau V. als Arbeitsloser die Persönlichkeitsintegration als Voraussetzung zur Arbeitsaufnahme im Vordergrund. Und wenn sie dann arbeitet, besteht weiter ein gewisses Risiko der Überforderung und Konfliktträchtigkeit, auf das sie vermutlich mit Rückzug oder psychischer Dekompensation reagieren würde.

»Solange es mir nicht besser geht, brauche ich nicht mal daran denken, wieder zu arbeiten.« Intuitiv sage ich als Berater ja dazu, aber ein anderer Anteil sagt: »Solange Sie nicht wieder arbeiten, wird es Ihnen auch nicht besser gehen.« Damit sind für mich der Ausgangspunkt der Beratung und auch ihre Zielstellung klar. Es geht darum, Arbeitssuche und –aufnahme mit der Idee des »mehr als überleben wollen« zu koppeln. Aber Priorität hat die Wiederherstellung der »Lebensgeister« und alles was sich dafür als notwendig erweisen sollte, als Voraussetzung einer Motivation zur Arbeit.

»Ich brauche was anderes, aber dafür muss ich ganz von vorn anfangen«

Herr Z. ist psychisch eigentlich »ganz gut drauf«. Er ist 42 Jahre alt, seit kurzem verheiratet und kann seinen pflegerischen Beruf wegen starker Rückenbeschwerden nicht mehr ausführen. »Vorübergehend« ist er arbeitslos und hofft auf die Finanzierung einer Umschulung zum Systemprogrammierer durch das Arbeitsamt. Eine Eignungsprüfung hierfür steht kurz bevor. Herr Z. überspielt seine Verunsicherung deutlich. Immer wieder macht er mir intensiv klar, was für gute Karten er habe, dass es keinen Zweifel am Gelingen geben könnte. Auf meine Frage hin, was ihn da so sicher mache, höre ich keine überzeugenden Argumente, sondern eher aus Miene und Ton »es darf eigentlich überhaupt nicht schief gehen; alles andere wäre die absolute Katastrophe«. Wie kann ich als Berater hier umgehen mit meiner Ambivalenz, ihm das alles nicht so einfach zuzutrauen, in dem gleichzeitigen Wissen, wie wichtig es für sein Selbstwertgefühl und seine psychische Stabilität ist? Und prompt passiert es auch: die Eignungsprüfung fällt negativ aus, mit dem Hinweis auf eine vorher erforderliche psychische Stabilisierung.

Immer wieder werden wir als Beratungskräfte mit dieser »Logik« konfrontiert: Der Arbeitsplatz, der die Stabilisierung bewirken könnte, wird nicht angeboten, da genau diese noch fehle, um ihn auszufüllen. Der Prozesscharakter psychischer Anpassungsfähigkeit und Weiterentwicklung wird zur Messlatte zum Wahrnehmen-dürfen einer Chance und eben dadurch unzulässig reduziert. Arbeitswelt erscheint als gegenüber psychischer Sensibilität verschlossen; wer zu sensibel, ist, muss warten, bis er von sonst wo die Stabilität bezieht, die Voraussetzung für die Arbeitsaufnahme ist. Die Differenzierung in »echte« und »geschützte« Arbeitsplätze bei unzureichender Durchlässigkeit der beiden Systeme hilft Menschen wie Herrn Z. nicht wirklich weiter, da er die Einschränkung, die ihm auferlegt wird, schlecht selbst »in die Hand nehmen« kann. Er bleibt abhängig von der Bewertung anderer, auch bezüglich der Wahrnehmung seiner Chancen. Hier sind wir als Seelsorger und Berater durchaus gefragt.

»Nichts läuft, und immer ist der andere schuld«

Das arbeitslose Ehepaar Herr und Frau F. mit zwei kleinen Kindern, beide mit Betreuungsempfehlung des Jobcenters, beide Ende zwanzig, schimpft zunächst übereinstimmend. Beide sehen die psychischen Folgen der beidseitigen Arbeitslosigkeit für ihre Beziehung durchaus klar und deutlich, stehen dem ganzen jedoch gleichzeitig hilflos gegenüber. »Jede kleine Nerverei, jede private Reiberei wird gleich übermächtig, da fehlt es, sich aus dem Wege gehen zu können und auch mal was anderes zu tun zu haben«. Im »Rest des Lebens« wird dann um Zuständigkeitsbereiche, Verantwortlichkeiten, Erledigungen und Aktivitäten konkurrierend gerungen. »Wenn Du das dann auch noch machst, denke ich, Du hast schon wieder was zu kritisieren.« Rechte und Pflichten folgen nicht der »klassischen« Rollenverteilung, sondern müssen ständig »freihändig« neu verhandelt werden. Nichts ist im Leben vorgegeben oder selbstverständlich, was sich zur Überforderung auswächst. Nebenher geht es immer auch um die Sicherung des angeschlagenen Selbstwertgefühls beider. Ohne »richtige Arbeit« ist dies schwer zu haben, auch wenn beide bei den Kindern und im Haushalt viel »um die Ohren« haben. Trotzdem gibt es das permanent schlechte Gewissen, zu wenig zu tun, zuwenig beizutragen, nichts für die gemeinsame Zukunft anbieten zu können. Frau F. bringt es auf den Punkt: »Du kannst ja nichts dafür, aber so habe ich mir das Familienleben wirklich nicht vorgestellt«. Nebenbei ist auch der Ehefrieden gefährdet. Jede kleine Eifersüchtelei wird zum »Staatsakt« und Herr F. befürchtet: »Wenn Du so unzufrieden bist, guckst Du bestimmt auch schon mal nach anderen Typen«. Wenn so die Liebe füreinander bedroht ist, wird das Ringen um die Gunst der Kinder und die eigene Überzeugung, es in der Erziehung besser zu machen als der andere, bedeutsamer. »Dauernd schreiben wir uns dann gegenseitig vor, was richtig und falsch ist. Jede Mücke wird zum Elefanten, wenn Du nicht weißt, was Du im Leben wirklich zu tun hast.« Ein Gefühl allumfassender Unzulänglichkeit breitet sich aus, auch in der Beratung. Der Hinweis auf das Geleistete und das durchaus füreinander vorhandene Verständnis reicht nicht aus. Als Berater spüre ich, wie wichtig es ist, diesen »Nahkampf wider Willen« überhaupt erst einmal nachvollziehen und verstehend begleiten zu können. Ob er ohne Job für wenigstens einen von beiden zu mildern ist, bleibt auch für mich zweifelhaft.

»Wenn Du einmal raus bist, geben die Dir doch nie wieder eine Chance«

Herr P., 62 Jahre alt, Witwer, langzeitarbeitslos seit über zehn Jahren, Buchhalter, ist richtig sauer. » Da sitzt Du den ganzen Tag in Deiner Wohnung und schiebst einen Hass auf die ganze Politik …, da könnte man echt Rechter werden. Keiner gibt Dir irgendeinen Platz für das, was Du kannst und willst, für die bist du doch der letzte Dreck, aber die trauen sich ja nicht mal, Dir das ins Gesicht zu sagen. Immer das Gesäusel, noch eine Maßnahme, noch eine Chance und so ein Gequatsche …« Er weiß selber, dass er zuviel am PC sitzt und jeden Tag viel Zeit mit Zeitung lesen und Fernsehen verbringt, aber es fehlt ihm auch an Vorstellungen, was er sonst mit seiner Zeit anfangen könnte. »Immer nur den Kindern auf die Nerven gehen ist auch nichts und dann fragt auch noch die Enkeltochter: Opa, hast Du eigentlich keinen Beruf? …« Es ist dennoch so, dass Herr P. mich mit seinen kritischen Gedanken fasziniert. Seine Analysen der Arbeitsmarkt- und Sozialpolitik sind intelligent und überzeugend, ich kann ihm nur zustimmen und muss doch zusehen, dass ich in kritisch eigenständiger Distanz dazu bleibe, wie er persönlich mit seiner Situation umgeht. Denn er bezieht zumeist die sich selbst rechtfertigende Opferposition. Im Grunde wartet er eher auf ein Wunder, als ernsthaft auf die wenigen Möglichkeiten, die ihm verbleiben, zu rekurrieren. Angebote von Bekannten und Freunden, in ihren Firmen etwas für ihn zu tun, verfolgt er nicht ernsthaft weiter. Kleinere Aufträge (auch ehrenamtlicher Art), die ihm aufgrund durchaus noch vorhandener sozialer Vernetzung gelegentlich angetragen werden, lehnt er mit Ausflüchten ab. Im Grunde bleibt er der Jahre zurück liegenden Frustration durch eine »unverdiente« Kündigung verhaftet und rächt sich dauerhaft durch Verweigerung dafür. Den Schaden, den er sich selbst dadurch zufügt, kann er wenig wahrnehmen. Die Position des Ausgeschlossenen mit dem Recht der Anklage und ausgeprägtem Unrechtsbewusstsein zu Lasten anonymer Mächte weiß er durchaus überzeugend einzunehmen. Als Berater finde ich es oft etwas unverschämt (von mir), von ihm nun auch noch eigenen Einsatz zu verlangen – in diesem Alter! Herr P. bringt mich in die Kommunikationsposition: »Entweder Sie sind für oder gegen mich«. Jede Differenzierung, die ihn auch mit seinen Mustern konfrontiert, ruft seine Verärgerung hervor. Psychologische Beratung könne er für seine privaten Angelegenheiten durchaus brauchen, aber das mit der Arbeitslosigkeit sei etwas ganz Anderes …

»Ich habe schließlich auch meinen Stolz«

Frau N., 46 Jahre alt, die lange Heimaufenthalte in Kindheit und Adoleszenz hinter sich hat, hat regelmäßig immer wieder Auseinandersetzungen mit ihren Vorgesetzten, was zu Beendigungen der Arbeitsverhältnisse führt, da sie zu jedweder Anpassung an in ihren Augen entwürdigende Umgangsformen nicht bereit ist. Hier geht es ihr berechtigt um Würde und gegenseitigen Respekt im Umgang, aber auch eigene Anteile: ihre aufgrund früherer Traumatisierungen hochsensible seelische Disposition verselbständigt sich immer wieder, wenn die entsprechenden »Schlüsselreize« im Arbeitsalltag auftreten. Sie ist hochverletzlich für demütigende Gesten, Äußerungen und Verhaltensimpulse anderer Personen, aber sie »schlägt« auch entsprechend zurück, was diese Situationen eskalieren lässt. Darauf angesprochen, hat sie für den Berater ein mildes, leicht verachtungsvolles Lächeln übrig: »Was wissen Sie schon davon, was ich mir im Leben schon alles anhören durfte«. Erschwerend kommt hinzu, dass sie, da allein lebend, kaum Ventile für ihre Wut im Alltag finden kann. Niemand ist da, der zu Feierabend nach dem Erlebten und Durchlittenen fragt. Die innere Erregung führt im Arbeitsalltag immer wieder zu Szenen, in denen Frau N. Fehler macht, um Verständnis ersucht, Fragen stellt, ja sogar anderen Hilfe anbietet. Sie ist glaubwürdig hochkollegial und solidarisch mit anderen, denen in ihren Augen unrecht geschieht. Aber ihre Reaktion auf Anweisungen und Kritik ist stereotyp: sie platzt heraus und wird aggressiv. Ihre sich ständig wiederholende Arbeitslosigkeit ist Folge ihrer psychischen Belastung; gleichzeitig verstärkt sie diese kontinuierlich. Frau N. befindet sich in einem Teufelskreis: die Stabilität von belastbaren Beziehungen, die für sie existenziell wichtig wäre, kann sich so nicht einstellen. Die Beratung(sbeziehung) kann hier provisorisch und vorübergehend einen Platz bieten: einen Ort zum erzählen und eine Person zur Auseinandersetzung. Auch als Berater muss ich mir einiges anhören können, denn auch ich bin weit davon entfernt, von der Klientin als unverdächtig solidarisches Gegenüber gesehen zu werden. Natürliches Misstrauen, aber auch kulturelle Unterschiede machen das aus. Außerdem bin ich selbstverständlich nicht bereit, auf jegliches Kontra zu verzichten, was ihr ja auch gar nicht helfen würde. So geht es auch in der Beratung »heftig« zu. Frau N. schreit mich mal an, mal verweigert sie jede Kommunikation für eine halbe Stunde, aber: sie kommt immer wieder und in einer »schwachen« Stunde gibt sie auch zu, dass ihr die Beratung wichtig und eine Hilfe sei. Auf die Äußerung meiner inneren Genugtuung verzichte ich lieber, um nicht in die nächste emotionale Eskalation hinein zu geraten. Dafür ist ja wieder Zeit in der nächsten Sitzung …

Wir haben einen kurzen exemplarischen Blick in die Beratungssituation mit arbeitslosen Klienten/innen in der psychologischen Beratung unternommen und wollen nun deren Situation – zugegebenermaßen verallgemeinernd – aus einem anderen Blickwinkel betrachten. Dazu sollen einige demographische Merkmale betrachtet, gemeinsame Erlebnisformen zusammengetragen und Ergebnisse der sozialpsychologischen Arbeitslosenforschung benannt werden. Danach werden wir uns erneut der Situation der Beratung mit ihren Chancen und Risiken zuwenden.

2. Wer sind die Arbeitslosen und ihre Familien?

Es gibt Personengruppen mit besonders hohem ökonomiebedingtem Arbeitslosigkeitsrisiko. Nicht alle Bevölkerungsgruppen sind im gleichen Maß vom Risiko Arbeitslosigkeit betroffen. Hier spielt ein Ungerechtigkeitsfaktor hinein: die ohnehin schon Benachteiligten werden noch stärker getroffen. Wir alle wissen, dass es je nach aktueller Wirtschaftslage derzeit in Deutschland zwischen drei und fünf Millionen Erwerbslose gibt, nicht eingerechnet die davon betroffenen Familienmitglieder, sowie die nicht offiziell arbeitslos gemeldeten Personen, ganz zu schweigen von denen, die permanent von ihrer Arbeit nicht leben können oder »halb arbeitslos« sind, da sie verordnete Kurzarbeit leisten, sich in »Maßnahmen« befinden oder in Betrieben arbeiten, die seit Jahren »am Abgrund« stehen.

Nachgewiesene Risiken sind niedriges Ausbildungsniveau, familiär bedingte »mitgebrachte« Bildungsunterschiede und insgesamt geringe berufliche Qualifikation. Erschwerend kommt ein eventuell vorhandener Migrationshintergrund hinzu.

Weitere Bedingungen ergeben sich aus den Arbeitsverhältnissen: 2009 etwa waren mehr Männer betroffen, da die Exportindustrie stärker von der Wirtschaftskrise betroffen war als der Dienstleistungsbereich und deshalb auch mehr Vollzeit- als Teilzeitstellen wegfielen.

Jüngere sind häufig stark betroffen wegen Einstellungsstopps und Kündigung befristeter Arbeitsverhältnisse. Eine Rolle spielt der Kündigungsschutz in Deutschland: Jüngere müssen zuerst gehen. Wegen zurückgehendem Export sind zunehmend auch Höherqualifizierte betroffen.

Strukturschwache Regionen und bestimmte Branchen sind besonders betroffen; kommt beides zusammen, ist das Risiko noch höher.

Es gibt kaum Untersuchungen oder ernst zu nehmende Hinweise bezüglich unterscheidender, wenn nicht erklärender »Persönlichkeitsmerkmale«, die begründen könnten, warum der eine arbeitslos wird und der andere nicht. Hier spielen ökonomische Faktoren und die oben genannten biographischen Merkmale wohl doch die entscheidende Rolle.

Die persönlichen Motivations-, Emotions- und Kompetenzvoraussetzungen scheinen eher eine Rolle zu spielen im Zusammenhang mit dem persönlichen Bewältigungspotential für schwierige wirtschaftliche Situationen, also mit dem persönlichen Umgang mit eingetretener Arbeitslosigkeit und dem damit verbundenen Ausgrenzungsrisiko als mit dem spezifischen persönlichen Risiko, arbeitslos zu werden.

Die relative Bedeutung der »Persönlichkeit« oder des »Charakters« als Faktor zur Entstehung von Arbeitslosigkeit ist schwer zu bestimmen. Eher scheint es persönliche Faktoren zu geben, die nur durch das Andauern der Arbeitslosigkeit sich erst entwickeln oder verstärken. Darin liegt die Antwort auf die Frage verborgen, wie viel Verantwortlichkeit selbst in der Person des Arbeitslosen für seine Situation liegt. Hier wird dem Arbeitslosen häufig charakterliche Schwäche oder nicht vorhandene Motivation zum Vorwurf gemacht. Dies hat sich in mehreren Untersuchungen als ideologisch gefärbte Vorurteilsstruktur erwiesen. Als Berater/innen und Seelsorger/innen müssen wir auch dies im Hinterkopf behalten. Arbeitslos zu werden ist überwiegend eine ökonomische Angelegenheit; damit fertig zu werden eine stark auch von der Persönlichkeit und ihrem Lebenskontext geprägte Sache.

3. Was bedeutet es, arbeitslos zu werden, zu sein und zu bleiben?

Was macht nun das Besondere der Situation Arbeitsloser in deren Erleben aus, mit dem wir in Seelsorge und Beratung konfrontiert sind?

Was wissen wir darüber, was »passiert« in der Seele des Menschen in Reaktion auf die Lebenssituation Arbeitslosigkeit? Und was verändert sich in seinen familiären und sonstigen Beziehungen? Wir wollen dies unter verschiedenen Aspekten zu erfassen versuchen:

3.1 »Die machen mit Dir doch was sie wollen – und ausbaden kannst Du es dann alleine«
Ausgeliefertsein, Verlust, Kränkung, Wut, Enttäuschung und Druck

Nicht immer, aber doch meistens wird der Betroffene seine Situation nicht als selbst gewählt oder selbst verschuldet erleben, sondern sich zumindest zunächst einmal als Opfer der Umstände verstehen. In der Regel wird sich das Geschehen einer Entlassung länger angekündigt und entwickelt haben. Es wird eine innere seelische Interpretation über die Verursachung und Begründung des Geschehens Platz gegriffen haben, die zunächst einmal deutlich beinhaltet, dass das eigene Wollen und Entscheiden den Eintritt der Arbeitslosigkeit nicht verhindern konnte. Dies entspricht auch der Sachlage, dass Entlassungen in der Regel wirtschaftliche Hintergründe haben. Inwieweit eine Belegschaft in Entscheidungsprozesse des Managements der eigenen Firma Einblick oder auf sie Einfluss haben kann, sei erst einmal dahin gestellt. Einsicht und Verständnis in die Notwendigkeit von Kurzarbeit, Umverteilung oder sogar Entlassungen wird zwar von den potentiell Betroffenen immer wieder eingefordert, kann aber in der Regel zumindest nicht auf den Einzelnen bezogen erwartet werden. Die eigene Arbeitslosigkeit kann vom Betroffenen kaum als »wirtschaftlich vernünftig« oder dem Unternehmen dienlich akzeptiert werden – auch bei größtem Verständnis für Globalisierung oder Finanzkrise wird sie als ungerecht und ungerechtfertigt erlebt und vor allem beim besten persönlichen Willen als nicht mehr verhinderbar erlebt. Viele Arbeitslose haben auch lange Monate und Jahre zeitlicher und finanzieller Zugeständnisse an die eigene Firma hinter sich, in der Hoffnung, das sich abzeichnende Schicksal der Entlassung irgendwie noch abwenden zu können. Ein vielleicht auch sehr persönlich engagierter Kampf um den Arbeitsplatz ist dann erfolglos geblieben. Das ist eine Niederlage, die nicht leicht verwunden wird.

Und es ist etwas verloren gegangen. Nicht jede Veränderung im Leben wird als Verlust erlebt werden, aber der Arbeitsplatz ist ein ganz wesentlich zur Persönlichkeit gehöriger »Bestand«, der nicht ohne Wirkung »abgebucht« wird. Arbeit haben und arbeiten können gilt für die meisten Menschen zu den alltäglichen Selbstverständlichkeiten. Klagen über das tägliche Einerlei, schwierige Vorgesetzte, muffige oder mobbende Kollegen oder ungünstige und überfordernde Arbeitsbedingungen stehen in der Regel zuvorderst in der Kommunikation über das »Arbeiten müssen«, wobei der nächste Urlaub als Seligkeit versprechende Zeit der Erlösung vom Arbeitsjoch lockt. Der Verlust, den Arbeitslosigkeit bedeutet, wird sicher meistens erst im Moment ihres Eintretens realisiert. Dabei ist hier weniger die Rede von den finanziellen Einbußen, die per se drastische Verlusterlebnisse erzeugen können (vor allem, seit die Verbleibzeiten im Arbeitslosengeld I drastisch begrenzt wurden und beschleunigter sozialer Abstieg droht), sondern mehr noch vom Verlust der alltäglichen Lebensroutinen. Verlust ist hier vor allem Status- und Vollzugsverlust, der eine tiefe Orientierungskrise und Unsicherheit über das Verbliebene hinterlässt.

Wir sprechen im Leben eines Menschen von einer ihn betreffenden Kränkung, wenn wesentliche Bedürfnisse, Erwartungen und Gefühle von seiner sozialen Umwelt ignoriert, nicht ernst genommen oder gewollt oder ungewollt verletzt werden. Das Ausmaß an Kränkung, das der Eintritt einer Arbeitslosigkeit verursacht, ist naturgemäß hoch individuell und generell schwer zu bemessen. Besonders, wenn dies Ereignis mit dem eigenen Status unvereinbar oder mit den eigenen Verdiensten verrechnet als ungerecht erscheint, wird das Ausmaß an Kränkungsgefühl hoch sein. Gut verdienende leitende Angestellte mit hoher eigener Verantwortung in ihrem Bereich oder erfolgsgewöhnte »Macher«, die mit ihrem Einsatz bislang im hohen Maße zur wirtschaftlichen Prosperität eines Unternehmens beigetragen haben, werden den Verzicht auf ihre Dienste als persönlich besonders herabwürdigend empfinden. Aber das Gefühl, persönlich unter ihren Verdiensten behandelt zu werden, werden auch »ganz normale« Arbeitskräfte erleben, denn ihr Einsatz wird in der Regel innerpsychisch deutlich über das »Arbeiten für Geld« hinausgehen. Das ist schon dem umfassenden menschlichen Bedürfnis zu einer Sinngebung des eigenen Tuns geschuldet. Wo immer ein Mensch sich »einsetzt«, wird er es als kränkend erleben, letztlich keinen Einfluss zu haben und weggeschickt zu werden.

Nah beim Erleben, gekränkt zu werden liegt die tiefe Enttäuschung im Sinne einer »Ent-Täuschung«. Man hat auf das falsche Pferd gesetzt, das sich ursprünglich vielleicht sogar als besonders erfolgversprechend dargestellt hatte. War die Identifikation mit dem Betrieb hoch, werden die Betroffenen unter Umständen an ihrer Wahrnehmungs- und Beurteilungsfähigkeit bezüglich der Gesamtlage zweifeln oder sich besonders übel getäuscht vorkommen. War der Betrieb gar wirtschaftlich erfolgreich und ist die Schließung eher globalstrategisch begründet, werden die Beschäftigten sogar trotz ihrer besonderen Leistungsfähigkeit entlassen. Hier liegt neben Kränkung und

Enttäuschung auch das Erleben einer Absurdität, eines nicht nachvollziehbaren Geschehens vor. Die Reaktion darauf kann berechtigt in Wut und Empörung umschlagen. Arbeitslose sind in der Regel nicht in der psychischen Verfassung, einen Aufstand oder eine Revolution anzuzetteln (die Gründe werden sich im weiteren erschließen!), aber in der gemeinsamen Empörung liegt zumindest eine Chance für gemeinsames Vorgehen, Solidarisierung und spätere kollektive Selbsthilfe.

Spätestens ab dem ersten Tag entsteht enormer psychischer Druck in Folge der neuen Situation. Zunächst besteht die Erwartung, auch beim Arbeitslosen selbst und noch mehr im sozialen Umfeld, möglichst schon vor dem Stichtag eine neue Beschäftigung gesichert zu haben. Sollte dies nicht geschehen sein, sollten wenigstens einige viel versprechende Bewerbungen unterwegs sein. Oder es sollte zumindest das private Beziehungsnetz Anlass zur Hoffnung bieten, irgendwo eine sofortige sinnvolle Beschäftigung aufzutreiben. Alles wäre besser als gar keine Perspektive oder die, den ganzen Tag auf etwas warten zu müssen. Selbst im arbeitslosen Alltag beginnen sofort die Suche und der Ruf nach »sinnvoller Beschäftigung«. Die wenigsten erlauben sich eine echte »Auszeit« in Art aktiver Erholung oder einer urlaubsartigen Gestaltung. Außerdem erinnern die Lebenspartner und Familienmitglieder an den bevor stehenden gemeinsamen Verdienstausfall. Ab sofort steht der Wert der eigenen Arbeitskraft und damit schnell auch der der ganzen Person auf dem öffentlichen Prüfstand. Robustheit und manchmal seelisches Dickhäutertum sind gefordert, um Desinteresse, Abqualifikation, Zurückweisung bis hin zur Verachtung des sozialen Umfeldes auszuhalten. Bereits in dieser hochsensiblen Anfangsphase länger währender Arbeitslosigkeit werden psychische Weichen zwischen wieder Aufstehen und Resignation gestellt, eventuell am Anfang auch mit »gesunder Verdrängung«. In dieser Phase ist es noch äußerst unwahrscheinlich, dass Kontakte zu einem Vertreter aus Seelsorge oder Beratung entstehen, denn der durch den sozialen Druck erzeugte noch relativ sorglose oder gar optimistische Aktivitätsdrang steht im Vordergrund.

3.2 »Ich habe es einfach nicht glauben können – das ist nur ein schlechter Traum«
Anerkennen-müssen der Realität

Es ist offenbar so, dass sich die gesamte Gesellschaft und Politik seit Jahren und nun bald Jahrzehnten ungläubig fragt: »Kann es wirklich sein, dass mehrere Millionen Menschen in diesem unserem Lande auf Dauer arbeitslos werden oder vielmehr auch bleiben?« und dennoch glaubt, mit Patentrezepten diese Situation noch rückgängig machen zu können. Entsprechend unterliegen viele von Arbeitslosigkeit bedrohte und betroffene Menschen lange der Vorstellung, gerade sie würden letztendlich zu den Glücklichen gehören, die in Krisenzeiten irgendwie doch »davon kommen«. Erst spät wird registriert, was wirklich Sache ist, was sich möglicherweise als langes Schönreden und Verschleiern, als Unternehmenstaktik entpuppt – neben anderen »Vorspielen« in Gestalt von Arbeitsplatzverlagerung, Arbeitszeitreduzierung und Kurzarbeit. Es ist wohl auch der gute menschliche Zug, solange wie irgend möglich daran zu glauben, dass alles schon irgendwie gut ausgehen werde, der letztendlich erst sehr spät zur Anerkennung der Realitäten führt. Und wenn dann Arbeitslosigkeit eingetreten ist, besteht zu Anfang ja auch berechtigte Hoffnung, diesen Status schnell wieder verlassen zu können. Erst nach einiger Zeit wird die außergewöhnliche Lebenswendung zur Gewissheit einer neuen stabileren Lebenssituation:

»Mit zunehmendem zeitlichem Abstand vom Arbeitsverlust macht die akute Symptomatik stilleren Ausdrucksformen Platz. Das Erleben wird weniger von Angst und Wut als von Gefühlen der Verzweiflung und Resignation beherrscht. Die Zeit zwischen etwa dem sechsten und dem zwölften Monat der Arbeitslosigkeit scheint eine kritische Phase zu sein, in der sich entscheidet, ob Rückzug und Entfernung aus der sozialen Realität zunehmen oder ob erste Schritte hin zu einer realistischeren Orientierung erfolgen können. Oft ist die Trauer über den Verlust der Arbeit noch nicht wirklich überwunden, doch erst dann ist ... eine Neuorientierung möglich« (Huth 2006, 40f).

Bei noch länger andauernder Arbeitslosigkeit entsteht eine »neue« Realität für den Arbeitslosen, die seine gesamte Identität und Rolle und seinen sozialen Kontext betrifft. In der Langzeitarbeitslosigkeit muss eine völlig neue Anpassung an eine dauerhafte neue Lebensbedingung geschehen. Hier ist, wie Huth (2006, 44) richtig bemerkt, »(Über-)Lebenskunst« gefragt, die auch darin bestehen mag, innerlich ein Stück Realitätsdistanz oder gar Dissoziation aufbauen zu können, um seine Identität nicht primär oder gar ausschließlich auf diese eine Seite seiner Realität gründen zu müssen.

3.3 » Warum gerade ich?«
Selbstbespiegelung, Scham- und Schuldgefühle

Scham- und Schuldgefühle sind oft definiert und abgegrenzt worden:

»Scham ist ein Gefühl der Verlegenheit oder der Bloßstellung, das sowohl durch Verletzung der Intimsphäre auftreten als auch auf dem Bewusstsein beruhen kann, durch unehrenhafte, unanständige oder erfolglose Handlungen sozialen Erwartungen oder Normen nicht entsprochen zu haben. … Das Schuldgefühl ist eine – normalerweise als negativ wahrgenommene – soziale Emotion, welche aus der bewussten oder unbewussten Überzeugung etwas Falsches getan zu haben entsteht« (Wikipedia 2009).

Welche Scham- und Schuldgefühle bedingenden Einschätzungen, Beurteilungen und inneren Überzeugungen mögen im Einzelfall den Eintritt und das Andauern der Arbeitslosigkeit begleiten? Wahrscheinlich ist es schon ganz treffend beschrieben, dass es um die Auseinandersetzung mit »Unehrenhaftigkeit«, »Unanständigkeit«, »Erfolglosigkeit« und »Fehlverhalten« geht und vor allem erstmal eine heftige »Verlegenheit« die Betroffenen ergreift. Diese harten Worte umreißen genau die überlieferten Vorurteils- und Meinungsklischees der sozialen Umwelt. In der Regel wird immer noch unterstellt, dass der Arbeitslose etwas für seine Situation »könne« oder zumindest Konsequenzen seiner »falschen« Einschätzungen und Verhaltensweisen zu tragen habe. Dadurch wird für ihn die innere Verarbeitung des Geschehenen nicht einfacher:

»Durch Schuldgefühle können Gewissensbisse, Ärger, Angst und sogar Panik hervorgerufen werden. Die Person wird von innerer Unruhe getrieben sein, ein schlechtes Gewissen haben und allgemein unter einem bedrückenden Gefühl leiden. Zweifel, Selbstvorwürfe und die ständige gedankliche Beschäftigung mit dem Fehlverhalten sind typisch. Die Reue, also der Wunsch, das Geschehene ungeschehen zu machen oder die Schuld wieder gut zu machen, ist besonders ausgeprägt« (Wikipedia 2009).

Hier kommt es entscheidend auf die Ursachenzuschreibungen des Arbeitslosen bezüglich seiner Lage an; hierauf wird später noch ausführlich eingegangen. Wie auch immer beim Einzelnen die selbst aufgeladene psychische Last aussieht: sie muss getragen und ausgehalten werden und hinterlässt ihre Spuren, mit denen wir es jenseits der Gesprächsoberfläche sofort zu tun haben, wenn wir in den Seelsorge- oder Beratungsdialog eintreten. Das »Warum gerade ich?« beinhaltet aber neben dem resignativen »es muss ja etwas mit mir zu tun haben, dass mir das passiert« immerhin noch einen auflehnenden, trotzigen Anteil in der Art »es ist eine Unverschämtheit, dass gerade mir beinahe beliebig diese Ungerechtigkeit widerfährt«. Hier bildet sich günstigstenfalls ein innerer »Widerstandskern«, der Energie, Nachdenken, Verhaltensbereitschaft, Lust und Motivation dazu ermöglicht und fördert, sich gegen die Resignation zu stellen. Dass dieses Selbstbewusstsein von unverschuldet Arbeitslosen in der Regel so gering ausgeprägt ist und sie sich eher von Scham und Schuld getrieben vor der Welt »verstecken«, bis sie sich reintegriert mit einem neuen Arbeitsplatz »wieder sehen lassen können«, muss ein zentrales Thema unserer unterstützenden Gespräche sein. Eine große Rolle spielen hier gewiss soziale Vergleichsprozesse, die für die Betroffenen mit ungünstigen subjektiven

Selbstbewertungen enden (Potreck-Rose et al. 2003). Dieser entscheidende Unterschied zwischen konstruktiv kritischer Betrachtung der (vielleicht sogar zur Arbeitslosigkeit beigetragen habenden) eigenen Selbstanteile und – auf der anderen Seite – schamvollem undifferenziertem »Abtauchen«, Verbergen der eigenen Person im Gefühl, hiermit ganz allein fertig werden zu müssen, weil auch allein verantwortlich zu sein, muss uns zentral beschäftigen.

3.4 »Da kannst Du nur warten und hoffen«
Hilflosigkeit und herausgefordert sein

Je deutlicher die Hilflosigkeitserfahrung beim Eintritt in die Arbeitslosigkeit gewesen ist, desto unbeeinflussbarer wird sie womöglich auch in Bezug auf die Wiedererlangung einer Beschäftigung erhalten bleiben. Gleichzeitig ist der Arbeitslose in seinem sozialen Kontext herausgefordert, die neue Situation zu »reparieren«. Manchmal hat er die Werkzeuge hierfür jahrzehntelang oder überhaupt nie in der Hand gehabt, zumindest fehlt ihm die Übung. Und bei denjenigen, die Erfahrung damit haben, reaktivieren sich u.U. eher alte Erfahrungen mit fehlgeschlagenen Bewältigungsversuchen. Mehr noch als in den Versuchen zur Wiedererlangung eines Arbeitsplatzes mag die spontane oder »erlernte« Hilflosigkeit in den damit verbundenen Lebenslagen hervortreten, etwa im Umgang mit der veränderten Rollenverteilung in der Familie oder mit der nun anstehenden Umstellung in der Alltagsstrukturierung. Die Betroffenen schwanken längere Zeit zwischen einer »Jetzt erst recht«– und einer »Hat doch eh keinen Zweck« – Haltung. Problematisch ist es in dieser Situation, sich selbst zuzugestehen, dass man Schwierigkeiten hat, mit ihr zu Recht zu kommen und noch schwieriger erscheint es, sich die eigene Ratlosigkeit einzugestehen und Hilfe von außen annehmen zu können.

3.5 »Was fange ich nur mit dem Rest von mir an?«
Selbstwertgefühl und Selbstbewusstsein, Identität und Rolle

Die Erfordernisse bei der Umstellung des eigenen Selbstbildes und der erlebten Einschätzung des eigenen Selbstwertes (auf der Handlungsebene im Auftreten »Selbstbewusstsein« genannt) sind eminent, vor allem, wenn es sich um eine Lebenstätigkeit, nicht nur um einen »Job« handelte. Nur wenige Menschen werden es schaffen, nach Eintritt der Arbeitslosigkeit einen unveränderten Blick auf sich selbst zu bewahren – und hier müsste man sich ja auch wirklich schon die Frage nach individuellen Realitätstrübungen stellen. Über die eigene »Arbeitendenrolle« hinausgehend stellt sich hier die Frage »Bin ich noch der, als der ich immer galt oder als den ich mich bisher immer gesehen habe?«

Es geht um die Frage nach der Wahrnehmung der persönlichen Identität und Integrität. »Wer bin ich denn jetzt für die anderen, die mir wichtig sind, und wie stehe ich vor dem Rest der Welt dar?« sind selbstverunsichernde Fragen, die sich unmittelbar anschließen. Auch hier wieder heißen die wichtigsten inneren Weichenstellungen: Zuversicht oder Resignation, Perspektivlosigkeit oder persönliche Weg- und Lösungsfindung, arbeits- und beschäftigungsunabhängige Sinn- und Wertsetzungen im eigenen Leben oder vollständige psychische Abhängigkeit von der eigenen Berufs- oder Karrierebiografie? Hier kommt die übergeordnete Fragestellung ins Spiel: was im Leben vermag außer der Arbeit Struktur, Sinn und Halt im Leben für die einzelne Persönlichkeit zu geben? Als erste Antworten auf die Frage seien folgende Ebenen hypothetisch benannt: Engagement und Interesse an der Welt, Beziehungsorientierung, Aktivität(-sbereitschaft), Selbstinteresse und -auseinandersetzung, Freiheit und Selbstverantwortung, Transzendenzorientierung und Religion. Es muss eine neue veränderte Selbstdefinition und –bewertung abseits der oder über die beruflich-arbeitsmäßige Funktion und deren Bewertung hinaus erfolgen. Es liegt hier eine eminente Bedeutung darin, diesen Bedarf in Seelsorge und

Beratung aufzugreifen und die inneren Anpassungsprozesse bestätigend zu begleiten.

3.6 »Das ist doch überhaupt kein Leben«
Woher kommen Sinn, Anerkennung, Bestätigung
und Wertschätzung?

Die psychische Funktion der Zugehörigkeit zu einem klar strukturierten Berufs- und Arbeitsleben geht weit über dessen eigentliche Bedeutung und Funktion in der Schaffung von Produkten und Dienstleistungen hinaus. Den eigenen Anteil an der Summe menschlichen Schaffens zu erbringen, eine »Gegenleistung« für das Existieren dürfen aus göttlicher Gnade abliefern zu dürfen, sich selbst darin zu rechtfertigen, Fähigkeiten, Kräfte und Begabungen der Welt so gut wie möglich zum Guten aller zur Verfügung zu stellen, etwas zu tun, das nur man selbst an diesem ganz besonderen Ort und Platz in der Welt verantwortlich für diese Welt tun kann, oder einfach den Stolz erfahren zu dürfen, eine Familie ernähren zu können – all dies sind wesentliche psychische Antriebsfedern und Gewinn. »Ich arbeite, also bin ich (verantwortlich und an diesem Platz in der Welt richtig)« ist hier vom psychischen Bedeutungsgehalt her nicht unangemessen. Und in der Regel zeigt sich die Welt auch erkenntlich für den eigenen Beitrag, wenn auch die konkreten Umstände dabei oft nicht als bestärkend wahrgenommen werden. Doch den fehlenden Beitrag an Anerkennung, Lob und Bestätigung etwa von Vorgesetzten (wie gerade in Deutschland immer wieder in diversen Studien beklagt) ersetzt erstaunlicherweise selbst in den ödesten Jobs die innere »Moral« des Menschen, der hier seine Arbeitsleistung erbringt. Das Gefühl »ohne meinen Beitrag hier würde etwas nicht laufen, etwas nicht möglich sein«, auch wenn es sich vielleicht für außen Stehende um unbedeutende Kleinigkeiten handeln sollte, kann im hohen Maße selbst unter widrigsten Umständen motivierend sein. Im positiven Falle gibt es das ja auch von außen, aber es ist vielleicht nicht so sehr das über die Bezahlung hinaus gehende Lob, das hier wirkt, sondern das sichere Gefühl der eigenen Zugehörigkeit zu einer »Schaffens- oder Schöpfungsgemeinschaft« und der eigenen Beteiligung an einem »Werk«, das in der Regel größer als der eigene Beitrag zu werden verspricht. Es ist tragisch, wenn manche Firmen Arbeitskräfte entlassen, die mit dem Erfolg des Unternehmens deutlich inniglicher identifiziert sind als diejenigen, die diese Entlassungen veranlassen oder verantworten.

3.7 »Du gehörst einfach ab sofort nicht mehr dazu«
Ausgrenzung und Isolation

Kaum eine Wirkung der Arbeitslosigkeit ist als Tatsache besser untersucht, belegt und beschrieben als das Gefühl des Ausgeschlossenwerdens und -seins, das die Betroffenen befällt. Und es ist nicht nur ein Gefühl bezüglich des bisherigen Arbeitsplatzes und der bisherigen Firma, sondern bezüglich des gesamten Lebens. Im Hintergrund lauert – noch schlimmer – die gespürte Aussage »wir brauchen Dich hier nicht mehr, es geht auch ohne Dich«. Von Tierstämmen oder Naturvölkern her wissen wir, dass dies dem »sozialen Tod« gleich kommt, der nicht selten im echten Tod oder Suizid endet. Es benötigt starke seelische Energien, um dieser Tendenz innerlich widerstehen zu können bzw., wie es wohl häufiger geschieht, sie verdrängen oder durch Ersatzhandlungen erträglich machen zu können. In Seelsorge und Beratung müssen wir uns damit auseinander setzen, dass wir bei dem Versuch, diese Isolation zu durchbrechen, sie womöglich erst einmal noch stärker betonen und verdeutlichen (müssen). Ganz wichtig sind hier wohl auch unterstützende »Subkulturen« (deren bedeutendste sicher der eigene Familienzusammenhang darstellt), die den Betroffenen andere, neue, alte (vernachlässigte) oder zumindest alternative Zugehörigkeitsgefühle vermitteln. Darunter sind leider auch Beispiele, die die soziale Integrationsfähigkeit weiter unterminieren (»wir werden Hartz 4«). Selbstbewusste Außenseiter sind unter Arbeitslosen selten. Not, Trotz und enormer innerer psychischer Druck (als unspezifische Wut und Empörung oder »coole« Resignation nach außen präsentiert) sind eher deutlicher spürbar. Der extern verursachten Isolation folgt leider nur zu häufig die zusätzliche weitaus stärkere und beharrlichere selbst gewählte auf dem Fuß; der Teufelskreis von innerem Rückzug und äußerem »nichts mehr zur Kenntnis nehmen (wollen)« kommt in Gang. Der eher verharmlosende Terminus von der gefährdeten sozialen und kulturellen »Teilhabe«, der sich ja zunächst wesentlich auf die reduzierten finanziellen Möglichkeiten bezieht, bekommt hier erst seine wesentliche seelische Dimension. Wer rausgeschickt wurde und nun draußen ist, klopft leider nicht mehr an und macht sich auch sonst nicht mehr groß bemerkbar. Das lässt uns dann leicht die hinter der Millionenzahl Arbeitsloser stehenden individuellen Schicksale »vergessen«.

3.8 »Ist doch eigentlich egal, wann ich aufstehe«
Veränderung des Zeiterlebens
»Und dann langweile ich mich noch ′ne Runde, bis meine Frau endlich kommt«
Entstrukturierung des Alltags

Hierauf wird in vielen Studien zu den primären psychischen Konsequenzen der eingetretenen Arbeitslosigkeit hingewiesen. Nicht nur werden Zeitdauer, Zeitpunkte und Zeitabläufe verändert erlebt; auch die Kopplung bestimmter Zeitsignale mit bestimmten Verhaltensschemata verändert sich. Häufig wird anfangs eine Urlaubs- oder »Erholungseinstellung« erlebt, die aber kaum länger als für die Dauer der üblichen Urlaubszeiträume wirksam bleibt. Danach regiert entweder wachsende innere und äußere Unruhe mit Tendenz zur Selbst(hyper)aktivierung oder zunehmendes »sich gehen lassen«. Späteres Aufstehen trotz weiterhin unveränderter oder gar früherer Aufwachzeiten, verlängerte Frühstücksphasen, Fernsehen bereits am Nachmittag, warten, dass der Tag vorbei geht, »mehr irgendwo mit irgendwem oder niemand rumhängen«, weniger oder lockerere Planung lassen zunächst eine veränderte Dauer des Zeitablaufs (schneller, weil weniger intensiv erlebt, oder langsamer, weil weniger »ausgefüllt«) erleben. Langeweile, zwanghaftes »Zeit füllen«, veränderte Wachheits- und Müdigkeitsgefühle mögen folgen. Der Wechsel von »Beschäftigungszeit« und »Freizeit« ist außer Kraft gesetzt oder muss neu definiert werden. Hier greifen soziale Ersatzstrukturierungen ein. So werden etwa Essenszeiten, terminliche Festsetzungen sozialer Kontakte und Verpflichtungen wie »zum Jobcenter gehen müssen« oder aber vielleicht auch nur der Beginn der »Tagesschau« oder einer bestimmten Fernsehserie wie auch selbst gewählte Aufgabensetzungen zu Orientierungspunkten, genauer Zeitmarkierungspunkten. Menschen ohne geregelte Arbeits- oder Beschäftigungsverhältnisse und –bedingungen müssen ihre zeitlichen Abläufe selbst strukturieren, und in vieler Hinsicht bestimmt dann ihr Charakter und ihr Lebensstil, wie sie das tun. Auch ob dies als Befreiung oder Orientierungslosigkeit erlebt wird, wird von der Person selbst oder im sozialen Nahfeld bestimmt. Kleine oder große Alltagsprojekte übernehmen wesentliche Strukturierungsfunktionen. Hausarbeit (ggf. bricht hier Streit über Zuständigkeiten und Kompetenzfelder aus), Kinderbetreuung (die will gelernt sein, vor allem vom männlichen Geschlecht), Gartenarbeit, ehrenamtliches Engagement, Zeitungs- oder Internetkonsum, Kontakte zu Bekannten und Verwandten, Hobbys und sonstige Aktivitäten, die neu oder wieder entdeckt werden, bekommen entscheidende Bedeutung. Psychisch wird es dabei wichtig sein, ob alle diese Tätigkeiten in sich zufrieden stellend sind, oder ob sie nur dazu dienen, Zeit »totzuschlagen«. Auch in unseren Seelsorge- und Beratungskontakten wird es um diese Unterscheidung gehen.

Schließlich bleibt die Frage nach dem Zeitaufwand und der Zeitplanung bei der in der Regel selbst gestellten wichtigsten Aufgabe: der Wiedergewinnung eines angemessenen Arbeitsplatzes. Wie viel subjektiven Raum dieses Anliegen in der Alltagsgestaltung einnimmt, bestimmt die Lebensqualität auch in Abhängigkeit vom Erfolg der Bemühungen und dem Druck der Erwartungen des familiären und sonstigen sozialen Umfeldes. Die Frage »Wie gestalte ich meine Tage, Nächte, Wochen, Monate und Jahre so, dass ich einverstanden mit meinem Leben bin?« bekommt unter den Bedingungen der Arbeitslosigkeit eine brisantere Bedeutung, denn die Eigenverantwortung dafür lässt sich nicht mehr mit »erstmal die Arbeit erledigen und dann sehen, was übrig bleibt« erledigen. Die eigentümlich befriedigende Ausrede, dass einem die Last des Berufs die Möglichkeit nehme, sein Leben so zu gestalten, wie man es (eigentlich) wolle, fällt weg. Nicht nur durch mehr dafür zur Verfügung stehende Zeit wird so die Selbstkonfrontation intensiviert, sondern auch durch eine höhere innere Aktualisierung von Selbstinfragestellungen, die sonst per Filterung dem »erstmal wichtigeres zu tun zu haben« anheim fallen. Hier liegt auch eine Wurzel der vielen Selbstzweifel und Grübeleien, die (über)beschäftigte Menschen dann so nerven können.

Andererseits sind Entwicklungen denkbar, die ganz anders verlaufen. Der oder die Arbeitslose richtet ihr Leben durch ihre »Freistellung« von geregelten Arbeitszeiten und -abläufen so auf den familiären Bedarf ein, dass er und sie quasi unabkömmlich werden und gar nicht mehr als potentiell arbeitend vorgesehen sind. So sind z.B. in familiären Zusammenhängen mit zahlreichen zu betreuenden Kindern oder zu pflegenden Angehörigen die »Kapazitäten« der arbeitslosen Familienmitglieder voll verplant; diese erleben sich überhaupt nicht beschäftigungslos und fragen mit Fug und Recht, wie sie neben allen diesen Verpflichtungen auch noch arbeiten gehen sollten. Hier gibt es Gewöhnungseffekte chronisch überforderter Familiensysteme oder neudeutsch »Bedarfsgemeinschaften«. Als Berater und Seelsorger werden wir hier eher danach fragen müssen, welche persönliche Bedeutung die Wiedereingliederung in ein externes Beschäftigungsverhältnis überhaupt noch hat gegenüber einer Beschäftigung im Ersatz bietenden, auch manche andere Not kompensierenden System Familie. Gerade bei Arbeitslosen mit Migrationshintergrund spielt diese Frage eine besondere Rolle, da die familiären Strukturen dichter sind und es eine stärkere kulturelle Tradition des »Wiedereintauchens« in die Familie in Notlagen gibt.

3.9 »Geht schon irgendwie weiter – muss ja!«
Aufrechterhaltung von Hoffnung und Neupositionierung

Zukunft ist durch den Eintritt von Arbeitslosigkeit erst einmal eine unberechenbare Größe im Leben der Betroffenen. Ein Kippen ins Negative ist ebenso möglich wie ein »Durchstarten« oder »Jetzt erst recht«. Abhängig wird das sein von den persönlich wahrgenommenen Erfolgsaussichten und dem Gefühl, selbst darauf irgendeinen Einfluss ausüben zu können. Diese Einschätzungen sind eben nicht rein kognitiv zu kalkulieren, sondern speisen sich auch aus dem persönlichen Potential von Zuversicht und Hoffnung. Dessen Förderung stellt Sibylle Tobler (2004) in den Mittelpunkt ihrer Arbeit. Individuelle Faktoren und spirituelle Potentiale werden dabei eine Rolle spielen:

»In Beratungssituationen wird es wichtig sein, Zukunftsperspektiven und Ziele in den Blick zu nehmen. BeratungspartnerInnen sind zu ermutigen, sich mit ihren Zukunftsperspektiven auseinanderzusetzen. Dies kann schmerzlich sein, da durch Arbeitslosigkeit Zukunftsperspektiven zerstört sein können. Doch aus Vorstellungen einer subjektiv als sinnvoll erachteten Zukunft lassen sich Ressourcen ableiten, die für die Bewältigung der aktuellen Situation genutzt werden können. Aus Zukunftsvorstellungen können sinnvolle Ziele entwickelt werden. Umgekehrt kann die Entwicklung und Umsetzung von Zielen Zukunftsperspektiven stärken« (ebd., 86).

»Gut zureden« wird hier nichts bewirken – entscheidend

wird sein, wie die Person unabhängig von ihrer Rolle im Arbeits- und Berufsleben seelisch »aufgestellt« ist, was ihre Erfahrungen mit unsicheren Lebenssituationen gewesen sind und ob die Krise auch als Chance erlebt werden kann. Die gesamte psychische Struktur und Dynamik eines Menschen ist jetzt »gefordert«. Alle sonst bereits vorhandenen Verarbeitungs- und Verhaltenstendenzen werden sich verstärkt bemerkbar machen und Bahn brechen, Mutlosigkeit, Resignation, Selbstmitleid, Verweigerung und Protest ebenso wie auch Trotz, Widerstand, Durchhaltevermögen, Neustartbereitschaft und Lust auf Veränderung. Um Hoffnung zu generieren, ist die Persönlichkeit zur Durcharbeitung ihrer seelischen gesamten und häufig widersprüchlichen Bereitschaften gefordert. Diese »Tour de Force« wird sich vor allem in den ersten Monaten und im ersten Jahr der Arbeitslosigkeit abspielen und dann auf einem bestimmten persönlichen hauptsächlichen Verarbeitungsmodus einpegeln, mit dem wir es dann weiterhin in der Beratung zu tun haben und den wir dann als relativ dauerhafte Grundhaltung des längerfristig Arbeitslosen zu sich, zur Umwelt und zu seiner Zukunft kennen lernen.

3.10 »Eigentlich wollte ich schon immer ganz was anderes machen«
Anpassung von Plänen und Zielen, Perspektiven und Zukunftsvorstellungen

Erzwungene berufliche Umorientierung durch Arbeitslosigkeit kann zur Rekapitulation der gesamten Lebenssituation führen. Dies ist vor allem bei jüngeren Menschen möglich, deren berufliche »Spur« noch kurz und flexibel ist, nicht von jahrzehntelangen Festlegungen und »Karrieren« geprägt. Frustrationen und Enttäuschungen sind dabei genauso wahrscheinlich, jedoch gewissermaßen noch nicht in den Kern der beruflichen Aspirationen vordringend. Das Suchen nach

Möglichkeiten der Selbstverwirklichung steht noch im Vordergrund. Zudem könnte die vorher ausgeübte Berufstätigkeit nicht »erste Wahl« gewesen sein, sondern von anderen, auch unpersönlichen Wertigkeiten und Entscheidungen wie elterlichen Einflüssen geprägt gewesen sein. Voraussetzung für ein »Umsteuern« ist aber sicher, dass sich die frustrierende Erfahrung begrenzter Arbeitsverhältnisse nicht dauernd demotivierend wiederholt.

Bei älteren Arbeitslosen wird sich die Frage nach Alternativen nicht nur auf anderweitige Beschäftigungsmöglichkeiten richten, sondern auch auf ein Leben mit deutlich weniger oder gar ohne Arbeit. Kann dies eine gewünschte Alternative sein? Gibt es etwas anderes, das im Laufe des Lebens zu kurz gekommen ist und dessen Intensivierung gewünscht wird? Oder gibt es Dinge, die zwar zunächst nur »Ersatzbeschäftigungen« darstellen, aber ein Potential zu bisher unterbliebener Selbstentfaltung in sich tragen? Ist etwa die Rolle eines »Haus- oder Familienmannes« oder des Berufs »Hausfrau und Mutter« erstrebenswert? Oder bieten zunächst nur vorübergehende Intensivierungen ehrenamtlicher Aktivitäten auf Dauer neue berufliche Entfaltungsmöglichkeiten? Und weiter gedacht: Welche noch nicht verloren gegangenen Lebensträume tauchen im Moment der »Befreiung« vom beruflichen Alltag aus den Tiefen der Seele wieder auf und wollen sich im entstandenen Vakuum ausbreiten? Gibt es so etwas wie eine kreativitätsfördernde Freistellung vom durch Arbeitsalltag geprägten Lebenseinerlei?

3.11 »Das hängt doch alles irgendwie von einem selber ab«
Anforderungen an einen »Eigenanteil«
in Bewältigung und Verhalten

Dieser Punkt ist auch in der gesamtgesellschaftlichen Diskussion hochstrittig. Inwiefern sind Arbeitslose eigentlich für Ihr Schicksal und dessen »Reparatur« selber verantwortlich? Sowohl bei der Entstehung, bei der vorhergehenden Langzeitentwicklung ihres Status wie auch bei der Bewältigung desselben stehen Arbeitslose unter Generalverdacht, auf die eine oder andere Weise selbst die Situation mit produziert zu haben, in der sie sich nun wieder finden. Hier geht es uns überhaupt nicht um die moralische Frage von (Mit)Verantwortung und (Mit)Schuld, sondern nach einem Verursachungs- und Bewältigungsverständnis um die Unterscheidung von durch die Person beeinflussbaren Modalitäten und ihrem Einfluss entzogenen Gegebenheiten und Faktoren. Dies lässt sich einmal von außen analysierend und bewertend betrachten, aber genauso von einer Innensicht der Betroffenen her, was letztendlich für die Wirkung entscheidend sein dürfte. Haben etwa eigene Verhaltensmuster oder Qualitätsmängel der eigenen Arbeit zum Verlust des Arbeitsplatzes beigetragen? Waren der eigene Aus- und Weiterbildungsstand Ausschlag gebend? War es überhaupt so, dass der eigene Arbeitsplatz und das Geschehen dort wichtig waren, oder wurde nach abstrakten Sozialkriterien oder nach übergeordneten Dimensionen (Werks- oder Abteilungsschließungen) verfahren? Und nach Eintritt der Arbeitslosigkeit: liegt die Erfolglosigkeit der Bewerbungen an der Art, sich selbst darzustellen und am Umfang der eigenen angeführten »Pluspunkte« oder der schieren Menge der Bewerbungen oder höchst intransparenter Bewertungskriterien auf Seiten des Arbeitgebers? Ist ein Bewerbungserfolg plan- und machbar? Und wie viel Einfluss hat der Arbeitslose auf seine Stimmungslage und die seiner nächsten Umgebung? Verschiedene Fragestellungen werden wir differenziert beantworten müssen. Systemische Sichtweisen werden immer betonen, dass »Innen« und »Außen« intensiv verschränkt sind; wir werden aber auch akzeptieren müssen, dass gerade die innere Verarbeitung oft von »unvernünftigen« archaischen Selbstbeschuldigungen und -verurteilungen geprägt sein kann. Ebenso könnte sie bestimmt sein von einer jegliche Eigenanteile leugnenden Abwehr, die uns als seelsorglichen oder beratenden Begleitern schnell an die Nerven gehen kann und uns mitunter in Versuchung geraten lässt, dem gesellschaftlichen Vorurteil vom schmarotzenden und asozialen Arbeitslosen zuzustimmen (was wir uns in »schwachen Stunden« auch einmal zugestehen sollten, denn weder haben wir es ausschließlich mit Engeln zu tun noch sind wir selber welche).

3.12 »Alle sagen: lass Dich bloß nicht hängen«
Sorge für Körper und Gesundheit – denn: Arbeitslosigkeit ist ein Gesundheitsrisiko

Von der Welt mit seinem Beitrag und seiner Wirksamkeit abgelehnt zu werden, mag zu subtilen Prozessen der Selbstmissachtung und Selbstvernachlässigung beitragen, denn im Erleben ist es nun weniger wichtig, sich positiv präsentieren zu können und damit kann auch ein Stück Verlust alltäglicher Selbstdisziplin einhergehen. Gewichtszunahme durch eingeschränktere Bewegungsspielräume und -gelegenheiten, weniger gute Ernährung (auch vor dem Hintergrund eingeschränkter finanzieller Ressourcen), Nachlässigkeiten in der Bekleidung, Körperpflege und -hygiene sowie insgesamt nachlassendes Kümmern um den eigenen Gesundheitszustand sind hier häufig zu beobachten. Eine »Alles-eh-egal-Haltung« kann auf weite Lebensbereiche übergreifen. Hier werden auch familiäre Stile entstehen, die es einzelnen Mitgliedern schwer machen, einen abweichenden Standard der Selbstsorge durchzuhalten. Es ist wichtig zu sehen, dass die Integration in die Werte des kultivierten Umgangs des Menschen mit sich selbst eben auch sehr beträchtlich durch das soziale Aufeinandertreffen in der Arbeitswelt reguliert wird. Hier werden die Normen definiert und überwacht, die in der tendenziellen sozialen Zurückgezogenheit der Arbeitslosigkeit ihre prägende Wirkung allmählich einbüßen.

Koschorke (2006) benennt summarisch die Risiken für die körperliche Gesundheit wie »Folgen von Stressbelastung … wie: Bluthochdruck, Herzflattern, Schweißausbrüche, Atem-

beschwerden, Allergieschübe, geschwächte Immunabwehr.«
In drei knappen Thesen fasst er die Gefährdung zusammen:
»Arbeitslosigkeit greift die Gesundheit an. …
Arbeitslosigkeit mindert die Chancen, gesund zu werden
und zu bleiben. …
Arbeitslosigkeit vermindert die Lebenserwartung. Arbeits-
lose sterben schneller und früher.«

Wenn noch etwas zum Thema Gerechtigkeit zu sagen
wäre: Die ganz realen (Über-)Lebenschancen Arbeitsloser
sind gemindert! Menschen wird Lebenszeit genommen.

3.13 »Es gibt doch trotzdem so viel Schönes auf der Welt«
Sorge für das seelische Wohlbefinden

Wie sieht die Welt durch die Brille des Arbeitslosen und
seiner Angehörigen aus? Mit Sicherheit ist davon auszugehen, dass es in der Regel da keine bewusstseinserweiternden
Spaziergänge unter blauem Himmel, entspanntes Relaxen
beim Capuccino auf dem Marktplatz und freudiges Schwe-
ben durch bunte Nachmittage und unterhaltsame Abende
gibt. Da müsste es sich schon um menschliche Naturen mit
ausgeprägtem Lebenskünstlertum handeln. Eher wird es so
sein, dass »da draußen« das Leben abläuft und – mehr oder
weniger erstaunt stellen dies die Betroffenen fest – auch
unbeeinträchtigt von der eigenen nicht mehr vorhandenen
Mitwirkung. Man und Frau wird sich eher am Rande des
Geschehens und des Lebens erleben und den Tag irgendwie
herumbringen. Was kann seelisches Wohlbefinden unter diesen Umständen noch bedeuten? Wohl hauptsächlich, dass das
meiste bei einem selbst, in Ehe und Familie noch funktioniert
und man nicht vollständig aus der Rolle fällt. Mit reduzierten
finanziellen Ressourcen den Lebensunterhalt bestreiten wird
eine zentrale Aufgabe sein. Den Wiedereinstieg nicht aus den
Augen zu verlieren und die bürgerliche Fassade so gut wie
möglich aufrecht zu erhalten, das erfordert die soziale Kon-

trolle des Umfeldes. Den »glücklichen« Arbeitslosen gibt es sicher kaum, bestenfalls den wenig von Sorgen, Schuld- und Versagensgefühlen Geplagten. In der Arbeitslosigkeit sind die Potentiale des Menschen, es sich gut gehen zu lassen, viel intensiver als sonst gefordert und in der Regel überfordert.

3.14 »Ist doch alles eh egal«
Lethargie und Sucht

Mehr rauchen, mehr Alkohol, mehr (anspruchsloses) Fernsehen, mehr PC und Internet, mehr Glücksspiel, mehr Konsumorientierung (mit weniger Geld!) – so sehen die gängigen vermehrt beobachteten Suchtstoffe unter Bedingungen der Arbeitslosigkeit aus. In manchen verbirgt sich noch das Bedürfnis nach Kontakt, nach Aktivität, in anderen steht das seelische Überleben unter Bedingungen der chronischen Langeweile im Vordergrund. Es sind dies keinesfalls zwangsläufige, wenn auch nahe liegende Verführungen. Auch hier entscheiden Selbstbild und Selbstdefinition über die Tiefe der Resignation und des sich Fallenlassens. Eine besondere Rolle in diesem Bereich spielt auch die Dauer der erlebten Perspektivlosigkeit. Bei längerer Dauer rücken die »Ersatzbefriedigungen« immer mehr in den Vordergrund. In Seelsorge und Beratung ist die Auseinandersetzung damit ein wesentlicher Punkt, wobei nicht der moralische Zeigefinger, sondern Kreativität in der Exploration persönlicher Ressourcen und persönlicher Ansprüche an die eigene Lebensqualität gefordert ist.

3.15 »Da wirst Du doch total abhängig«
Eingeschränkte Selbstverantwortung und -verwirklichung

Es sollte verhindert werden, dass Arbeitslose in die »Opferposition« hineingehen, obwohl es natürlich jede Menge Gründe

gibt, dass sie genau dies tun. Es gehört eine Verbindung ge-
stiftet zwischen dem Selbstverständnis vor der beruflichen
Umbruchskrise und demjenigen zur Zeit der Arbeitslosigkeit,
die verhindert, dass ein »Wegsacken« eintritt, so dass sich
einer aus der Rolle des aktiven, selbst bestimmten Menschen
entlässt. Leicht verbindet sich dies mit der trotzigen Haltung,
die Umwelt müsse nun das wieder gut machen, was sie durch
den Eintritt der Arbeitslosigkeit an einem »verbrochen« habe.
Es tritt psychisch ein Anspruch auf Wiedergutmachung auf –
allerdings unter Ausblendung eigener Verantwortungsanteile
und Ressourcenbereitstellung. Die Abhängigkeit von äußerer
Versorgung wird gleichzeitig geleugnet und eingefordert.
Hier ist besonders gefordert, dass Stolz und Würde eines
Menschen mit der Angewiesenheit auf externe Hilfeleistun-
gen nicht verloren gehen dürfen, vor allem nicht durch ihn
selbst aufgegeben werden dürfen. Dies setzt einen halbwegs
stabilen Persönlichkeitskern voraus, der äußeren Stürmen ein
Stück weit standhält. Ja, streng genommen stellt sich ernsthaft
die Frage: Inwieweit ist mehr als vorübergehende Arbeitslosigkeit in der Lage, eine Persönlichkeit zu unterminieren?

3.16 »Ich bin nicht mehr derselbe wie früher«

Desintegration der Persönlichkeit droht (die Person erlebt
sich nicht mehr in gewohnter Weise »in sich zu Hause«);
Sprachlosigkeit über das nicht für möglich Gehaltene und
nur schamvoll Zugestandene tritt ein; schon früher erlebte
seelische Zermürbungen durch wiederholte Verlusterfahrungen erneuern und verstärken sich. Eine Spaltung zwischen
Träumen, Wünschen und Möglichkeiten wird zur alltäglichen
Erfahrung. Auch in der Persönlichkeitsfestigung erfolgreiche
»Lebenslügen« (»mir kann doch nichts passieren, ich bin
unantastbar«) gelangen gefährlich ins Wanken. Lebensge-
schichtliche Verlusterfahrungen und erneuter Bindungsver-
lust greifen ineinander. In einem Prozessmodell zunehmen-

der psychischer Belastung durch die zunehmende Zeitdauer erst drohender, dann zunächst vorübergehender, schließlich dauerhafter Arbeitslosigkeit beschreiben etwa Huth (2006) und auch Morgenroth (2003) die dramatisch zunehmende Gefahr depressiver Selbstdestruktion.

3.17 »Seit Du nichts mehr zu tun hast und zu nichts mehr nütze bist, meckerst Du hier nur noch an allen und allem herum«
Zusammenhalt und Rollenveränderungen, Erleben in der Familie

Koschorke (2006) stellt klar: »Arbeitslosigkeit überfordert die Familien«. Familien regenerieren im günstigen Falle die Arbeitskraft oder kompensieren die Arbeitslosigkeit ihrer Mitglieder. Aber selbst diese Funktion ist gewissermaßen schon ein »Idealzustand«. Es ist keinesfalls ausgemacht, dass der/die von der Arbeit Heimkommende positive Kontrasterlebnisse zum Arbeitsplatz hat. Möglicherweise kommt er/sie sogar vom Regen in die Traufe, wenn auch in der Familie hohe Spannungs- und Konfliktpotentiale warten, »unerlöste« Bedürfnis- und Erwartungshaltungen auch gerade an die »Familienernährer« existieren oder andere Familienmitglieder mit ihrer Situation unzufrieden sind. Durch eine drohende oder eingetretene Arbeitslosigkeit wird eine solche ungünstige Lage intensiviert. Die Familie gerät noch stärker unter Druck. Es ist noch weniger Geld da; der Familie insgesamt droht der soziale Statusverlust, nicht nur dem Arbeitslosen selbst. Natürlich ist denkbar, dass der/die Arbeitslose verstärkt in die Familienarbeit einrückt und andere Familienmitglieder dafür versuchen, auf dem Arbeitsmarkt Erfolg zu haben, aber diese Kompensationsbewegung ist in der Regel durch undurchlässige Rollenstrukturen und durch die Realität des Arbeitsmarkts blockiert, da in der Regel der dort Chancenreichere schon gearbeitet hat. Hinzu kommt, dass der/die Arbeitslose seinen Rollenpart im

Zusammenspiel nicht nur verliert, sondern dies als Verweigerung der auferlegten Verpflichtungen erlebt werden kann und der Arbeitslose für das Schicksal der Familie verantwortlich gemacht und eben schuldig gesprochen werden kann (aus Scham wird ja sogar innerfamiliär mancher Arbeitsplatzverlust lange »verschwiegen«). Der von Arbeitslosigkeit Betroffene wird versuchen, seinen Bedeutungsverlust für die Familie durch Bedeutungserhöhung in anderen Bereichen auszugleichen. Er wird sich häufiger in bisher ihm fremde Bereiche einmischen und eben »herum meckern«. Gestresste Ehefrauen wissen ein Lied davon zu singen, welche Aggressionspotentiale in ihnen wachsen, wenn etwa arbeitslose Ehemänner beginnen, in Küche, Einkauf oder Kindererziehung »hinein zu regieren«.

Überhaupt werden natürlich auch Ehen und Partnerschaften genauso wie die Erziehungspartnerschaft von Eltern durch Arbeitslosigkeit überfordert. Eheliche Konfliktpotentiale und latente Unzufriedenheiten werden rapide verschärft, wenn der/die andere ständig »da« ist im Sinne körperlicher Präsenz. Relativierende oder innerlich befriedende Distanz kann nicht mehr auf natürliche Weise hergestellt werden. Einem fällt die Decke auf den Kopf und beide können sich über kurz oder lang in der erzwungenen Nähe nicht mehr ertragen. Männer sind durch Arbeitslosigkeit in ihrer männlichen Ehre gekränkt (»nicht mehr seinen Mann stehen können«) und verlieren diese auch nicht selten ebenso in den Augen ihrer Frauen. Sie werden dann zu dem viel beklagten »zusätzlichen Kind« ihrer Ehefrauen. Frauen fühlen sich noch intensiver in die Doppel-, wenn nicht Dreifachbelastung von Arbeit, Ehe und Erziehung gestellt. Hier muss von außen erlittene Ungerechtigkeit in einer Gerechtigkeitsdebatte innerfamiliär weiter verarbeitet werden. Leider führt draußen erlittene Einschränkung nicht zu innerfamiliärer Wiedergutmachung, sondern pflanzt sich als Krisenpotential in den innerfamiliären Beziehungen und im Erleben der Betroffenen fort. Im Extremfall wird die am Arbeitsplatz erlittene Demütigung in der Familie wiederholt und verdoppelt – mit den häufig beschriebenen Folgen des Ausweichens in Lethargie oder gar Sucht.

Ein vielleicht mühsam hergestellter »Verdienstausgleich« zwischen den Ehe- oder Beziehungspartnern gerät ins Wanken, wenn einer von beiden seiner Ressourcen beraubt wird. So gibt es in Familien »Innen- und Außenministerien«, Sozialbeziehungs- und Finanzverantwortliche, Herz und Kopf, Kindererziehungs- und Erwachsenenweltkompliziertheitszuständige. In der Regel haben sich über längere Zeiträume Balancen eingestellt, die Selbstbestätigung für die eigenen Investitionen und Anerkennung für den Part des Anderen stützen, nun aber neu justiert werden müssen. Sonst könnten Erfahrungen des Ausgenutztwerdens und Nutzloseins drohen.

Natürlich wird auch die »Suche nach dem verlorenen Glück« der Geborgenheit und Eingebundenheit in der eigenen Berufswelt nun auf Ehe, Partnerschaft und Familie verlagert. Die Ansprüche der dort Enttäuschten steigen hier. Bestätigung, Anerkennung und Zugehörigkeit müssen nun rein im Privaten gesucht und gefunden werden. Aber auch zielsichere Objektfindung für eigene Gefühle und Projektionen, die am Arbeitsplatz leicht fällt (der nervende Chef, der sture Kollege, der doofe Lehrling, die still Angebetete in der entfernten Abteilung, die uneinsichtige Firmenleitung) muss nun im Familienkontext vollzogen werden. Ehepartner und Kinder werden so stärker als vorher als uneinsichtige Befehlsempfänger, neuerdings auffällige Nervensägen oder unangenehme Bevormunder erlebt. Negative Übertragungen werden durch die eingeschränkte Auswahl und bereits bestehende einseitige Bilder die positiven Wahrnehmungen (»ich wusste gar nicht, was mir entgeht, wenn ich den ganzen Tag von meiner wunderbaren Frau getrennt verbringen muss«) überwiegen. Das Mangelerleben bezüglich der Möglichkeiten, sich emotional abreagieren zu können, wird im Vordergrund stehen.

Auch auf die elterliche Sicherheit in Erziehung und Führung des Nachwuchses hat die Arbeitslosigkeit immense Auswirkungen. Vater oder Mutter, eines wesentlichen Aspektes ihrer Identität beraubt und in der Regel sichtbar angeschlagen und verunsichert, verlieren viel an Attraktivität als Beispiel und Vorbild sowie an Autorität derjenigen, die wissen, wie es im Leben geht. Im Vergleich schneiden arbeitslose Eltern auch im Ermöglichen von (Er-)Lebensmöglichkeiten für ihre Kinder benachteiligt ab. Innere Gereiztheit, Unzufriedenheit und Versagenserleben steigern die Wahrscheinlichkeit rigiderer Umgangs- und Erziehungsformen mit den Kindern, die häufig zu emotionalen »Blitzableitern« werden. Natürlich ist die liebende Bestätigung durch Kinder auch ein »Heilungsfaktor«, aber eben unter diesen besonderen Bedingungen ein höchst gefährdeter. Die Abhängigkeit von Bestätigung innerhalb der Familie, vom dort »Gebrauchtwerden« steigt und macht die gelassene Konfliktregelung schwieriger. Die Neuregulierung von Rollenmustern innerhalb der Familie mit dem Zweck der Bewältigung der neuen Lebenssituation ist kein einfaches Geschehen, sondern das ganze System Familie muss sich neu ausjustieren. Der Vater mischt sich etwa mehr in Erziehungsdinge ein; die Mutter muss durch Mehrarbeit Einkommensverluste kompensieren; die Kinder müssen Alltagsrechte und -pflichten neu aushandeln und sind plötzlich stärker mit einer Elternfront konfrontiert, die in sich angespannt und widersprüchlich agiert. Die fehlende Erfolgsperspektive der Eltern wird auch zu einem Lebensskript für die Kinder, dauerhaft und umfeldunterstützt bis hin zum »ich werde auch Hartz IV«. Aber schon normale Leistungs- und Disziplinansprüche glaubhaft vertreten und durchsetzen zu können, wird schwieriger, wenn der Erfolg dieser Anstrengungen in Status und Lebenssituation der Eltern für die Kinder nicht abzuschauen ist. Es gehören tief liebevolle und unerschütterliche Familienbeziehungen und -bindungen dazu, diese existentielle Verunsicherung aufzufangen. Von deren Vorhandensein kann in der Regel selbstverständlich nicht immer ausgegangen werden.

Zusammengefasst: Arbeitslosigkeit hat belastende Auswirkungen auf das eheliche Klima, auf die erzieherische Autorität gegenüber den Kindern, verlangt eine neue Rollenverteilung in der Familie und verstärkt das gegenseitige Angewiesensein und Brauchen in der Familie. Risikobehaftet sind die Verarbeitung materieller Einschränkungen und des gemeinsamen

Statusverlustes in Ehe und Familie. Dies erfordert das »Einspringen« in veränderte ökonomische und familiäre Funktionen seitens des Arbeitslosen wie auch der anderen Familienmitglieder. Für den ehelichen und familiären Zusammenhalt ist Arbeitslosigkeit eher ein massiver Belastungs- als ein Unterstützungsfaktor.

3.18 »Das war alles überhaupt nicht so geplant«
Einordnung des Geschehens ins eigene Lebensskript, Arbeitslosigkeit als Unterbrechung und Verlust einer Lebensplanung

Beruflicher und darüber hinausgehender persönlicher und familiärer Perspektivenverlust kann eine dauerhafte seelische Beeinträchtigung sein und im schlimmsten Fall in einen generellen Sinnverlust übergehen. Zunächst mag nur der gewünschte nächste Karriereschritt, die kommende Urlaubsplanung, die Finanzierung geplanter Anschaffungen oder Ausgaben oder die erfüllte Gestaltung des eigenen Alltags betroffen sein. Bei länger andauernder Erwerbslosigkeit stellen sich jedoch bald drängendere Zukunftsfragen: gibt es im eigenen Beruf überhaupt noch Aussichten? Muss der Wohnort und damit der Lebensmittelpunkt für alle betroffenen Familienmitglieder verändert werden, um wieder berufliche Chancen zu gewinnen? Lassen sich Wohnung und Haus mit dem verminderten Einkommen halten? Wie müssen die Partner/innen ihre berufliche Situation umgestalten, um die Einkommensverluste zu kompensieren? Sind die geplanten Ausbildungswege der Kinder finanziell noch durchzuhalten? Das anfängliche Erleben von arbeitsfreier Zeit wird schnell wachsender Unsicherheit über die Zukunft weichen. Planende Menschen werden darin irritiert werden; andere, die keine Planungen nötig hatten, werden schließlich dazu gezwungen sein.

Inwiefern ein persönliches Lebensskript, ja persönlicher Lebenssinn auf Arbeit aufgebaut ist, bestimmt das Ausmaß der persönlichen Beeinträchtigung bei deren Wegfall. Dies erklärt auch den Befund, dass gerade in ihrer Arbeit sehr engagierte und mit ihr identifizierte und zufriedene Menschen besonders unter einem Arbeitsplatzverlust leiden. Wie dieser Verlust bewertet wird und im eigenen Leben genutzt werden kann, bestimmt seine subjektiven Auswirkungen. Wem es gelingt, hierin befreiende und seine Optionen im Leben erweiternde Aspekte zu sehen, wird weniger darunter leiden als derjenige, der sich aller Bestätigungs-, Verstärkungs- und Sinnquellen beraubt fühlt und sich vor einer Wüste sinnloser Lebenszeit ausgesetzt empfindet. Ist die Arbeitslosigkeit eine Unterbrechung, ein Zustand von unabsehbarer Dauer, oder gar das Ende eines jahrzehntelangen Arbeitslebens? Ausrichtung auf eine innerlich vorgestellte Zukunft ist ein wesentlicher Antrieb im Leben, und eine wesentliche Irritation darin ist eine starke Herausforderung für das psychische Funktionieren eines Menschen.

3.19 »Ein Urlaub ist da nicht mehr drin«
Armut und finanzielle Abhängigkeit als erlebte Konsequenz

Als Armut oder Verarmung wird kulturell nicht nur verstanden, existentielle Bedürfnisse nicht finanzieren zu können, sondern auch, im Vergleich mit den Möglichkeiten anderer nicht mehr mithalten zu können, sozialen Status einzubüssen und schließlich finanziell abhängig zu werden, Schuldner zu werden, von der eigenen Leistungsfähigkeit und -bereitschaft nicht mehr leben zu können. Das ist zunächst auch einmal ein massiver materieller Verlust – vor allem anderen darüber hinausgehenden Verlusterleben. Armut und Arbeitslosigkeit sind, wie viele Untersuchungen in den letzten zehn Jahren aufgewiesen haben, eng miteinander korreliert. Menschen mit gefährdeten Arbeitsplätzen sind in der Regel nicht in der Lage, mit zurückgelegten Vermögenswerten Einkommenseinbussen abzufedern. Besonders prekär wird die Lage, wenn langfristig abzutragende finanzielle Verpflichtungen bestehen, wie etwa Hausbau oder Wohnungskauf, oder durch Trennung oder Scheidung entstandene Unterhaltsverpflichtungen erfüllt werden müssen. Wenn Geldnöte das Leben regieren und hauptsächliches Kommunikationsthema sind, sinkt die seelische Lebensqualität aller Beteiligten. Selbstwert und Würde hängen stark von der selbst empfundenen Fähigkeit ab, seinen Lebensunterhalt eigenständig bestreiten zu können. Alternative Wege beinhalten immer die potentiell selbstwertdestruktiven Selbstwahrnehmungen als Bittsteller, Almosenempfänger, Bettler oder als jemand, der die (selbstverschuldete) Abhängigkeit vor anderen rechtfertigen muss. Nicht immer eingestandene Scham über die eigene Situation prägt die seelische Lage. Für Erwerbslose, die eine Familie zu ernähren haben, potenziert sich die Situation. Besitz- und Bedürfniserwartungen mehrerer Personen werden enttäuscht; diese Enttäuschungen werden sogar durch unverändertes Konsumverhalten zu vermeiden versucht, was erst recht in die Schuldenfalle führt. Gerade Kinder und Jugendliche sind durch ihr soziales Umfeld im Konsumverhalten auf ein relativ hohes Anspruchsniveau geeicht, das im Falle der Erwerbslosigkeit meist nicht gehalten werden kann. Dann zu verzichten oder um fremde Hilfe anhalten zu müssen, kann das Familiensystem zunächst intern und in der Folge real stark labilisieren. Die Anstrengungen, die unternommen werden, um den Status zu wahren, müssen in einer Situation herabgesetzter Ressourcen verstärkt werden: Resultat ist dauerhafte Überforderung des gesamten Systems. Friedrichs et al. (2009) berichten eindrucksvoll von den meist missglückenden Versuchen, bei Langzeitarbeitslosigkeit nicht zwangsläufig »Unterschicht« zu werden und es letztendlich doch nicht verhindern zu können.

3.20 »Ich gönnte denen in Berlin so ein paar Rechte im Parlament ...«

Unsicherheit und Gewalt im gesellschaftlichen Klima nehmen zu. Ausgegrenzte grenzen sich immer weiter aus und machen nicht mehr mit. Daraus bezogenes Pseudo-Stärkegefühl als eine längerfristige Lebenslüge, der sensibel begegnet werden muss.

Wut ist – in innerer mühsam beherrschter Form oder in nach außen gekehrter Aggression – eine Folge der alltäglichen Frustration besonders jüngerer Erwerbsloser. Wird sie nicht gegen sich selbst gerichtet (in Form depressiver oder suizidaler Tendenzen), kann sie in verschiedene Delinquenzformen münden. Keinen Platz und keinen Sinn im Alltag und im Rahmen der alltäglichen Umgebung zu finden, verleitet zur Suche nach Ersatzbestätigungen und -identitäten. Dies führt jedoch von einer Identifizierung mit akzeptierten Zielen und Wertmaßstäben unserer Gesellschaft weiter fort und ins Abseits. Was in südlichen Ländern noch von der Integration in traditionelle Familienstrukturen notdürftig kompensiert wird, kommt dann voll zum Tragen: soziale und seelische Heimatlosigkeit junger Menschen ohne Arbeits- oder Ausbildungsplatz, ein ziemlich aufnahmefähiger Nährboden für politisch rechte Ideen und Zerrbilder zur Gesellschaftsbeschreibung. Depression durch Perspektivlosigkeit verformt sich in Aggression durch Sinnlosigkeit. Rundum allgemeiner Wohlstand und Konsumorientierung lassen das Ungerechtigkeitsempfinden immens ansteigen. Wie ließe sich die Stimmung vor allem junger Arbeitsloser dann beschreiben: verzagt vor Verunsicherung, negativistisch und mürrisch aus Verletzlichkeit und Gekränktsein, feindselig aus aufgestauter, an Niemanden konkret zu richtender Wut, schamvoll und selbstabwertend aus eigener Hilflosigkeit, trotzig aus Allein-gelassen-Sein. Hinzu mag eine defensive Anspruchs- oder Entschädigungshaltung kommen, die sich vor allem auf materielle Wünsche bezieht, die auch ohne eigene Anstrengung erfüllt werden sollten. Die Bereitschaft, sich der ernsthaften Bewerberauswahl und den echten Anforderungen des Arbeitsplatzes zu stellen, sinkt dann kontinuierlich. Durch die weiter bestehende auch materielle Abhängigkeit von der Herkunftsfamilie mag es zu einer »Dauerinfantilisierung« oder »Zwangsinfantilität« kommen; nötige persönliche Reifung, Entwicklung und Ablösung wird verzögert oder gar verhindert, wenn die Gesellschaft jüngeren Menschen kein wirklich erwachsenes Tätigkeits-, Verantwortungs- und Bewährungsfeld bietet. Wenn keine Erklärung für die eigene Misere auffindbar ist, liegen Projektionen auf geeignete Sündenbockgruppierungen nahe. Undifferenziertes Verantwortlichmachen mag die Folge sein.

»Als Lebenslüge wird eine beliebige Vorstellung bezeichnet, deren Fürwahrhalten, so unbegründet oder ungereimt sie auch sein mag, einem Menschen das Dasein erträglich macht, und woraus er den Mut schöpft, weiterzuleben. Als Lebenslüge wird somit eine Unwahrheit bezeichnet, die jemand während seines Lebens wissentlich und absichtlich als Wahrheit bezeichnet und so behandelt, obwohl er das Gegenteil kennt oder kennen müsste. Die Ausrichtung und der Sinn des Lebens basieren dann im Wesentlichen auf einer Lüge« (Wikipedia 2009).

Die »Lebenslüge« des Langzeitarbeitslosen wird dann sein, dass er doch vollkommen »ok« sein würde, wenn ihm nicht alle und jeder übel mitgespielt hätten. Victor Chu (2005) bezeichnet als wesentliche Merkmale von Lebenslügen: Selbsttäuschung (»Mit mir hat das ja nichts zu tun.«), lebensgestaltende Kraft (»So wie ich das sehe, ist das Leben.«), Glaubenssatz oder Grundüberzeugung (»Alle wollen mir nur Böses.«), Legendenbildung (»Die wollten mich von Anfang an nicht.«), Lebenskonzept (»Weil ich sowieso abgelehnt werde, brauche ich mich gar nicht mehr bemühen.«), falsche Prämissen, auf denen das Leben aufgebaut wird (»Mir kann so was nie passieren.«).

Für viele Arbeitslose lässt sich dieses negative Szenario der Selbst- und Situationsbeurteilung »durchdeklinieren«. Es führt weiter in Depression und Resignation hinein. Eine Prioritätensetzung von Politik in diesem Bereich langfristigen inneren Verzichts auf Integration ist nur streckenweise und recht diskontinuierlich sichtbar, sowohl auf der Ebene der Arbeitsplatzangebote für jüngere Menschen als auch in Angeboten persönlichen »Coachings« für die Betroffenen.

3.21 »Daran will doch so wie so keiner mehr etwas ändern, damit haben sich alle abgefunden und das ist denen da oben auch ganz recht so«
Klimakrise in der Gesellschaft

Seit ca. zwanzig bis dreißig Jahren gibt es in der deutschen Gesellschaft eine Gewöhnung an Massenarbeitslosigkeit, der nicht mehr etwas schicksalhaftes, sondern eher etwas wie unwillig zur Kenntnis genommene Normalität anhaftet. Viele haben versprochen, die Arbeitslosenzahlen entscheidend zu reduzieren; wirklich gelungen ist dies niemandem. Die Prognosen gehen eher von einem festen »Sockel« von einigen Millionen aus, konjunkturell schwankend, aber nicht mehr vollständig abzubauen. Gleichzeitig bleiben die Schuldfrage und auch die Suche nach Sündenböcken aktuell. Die Ängste um die eigene Zukunft können verstärkt nach außen projiziert werden. Die Vorurteilsstrukturen sind vielfältig: sind es mal die Arbeitslosen selber, die durch ihr Sich-hängen-Lassen in der sozialen Hängematte gesellschaftlichen Unmut auf sich ziehen, sind es andererseits die Ausländer, die deutschen Arbeitnehmern die Arbeitsplätze wegnehmen oder die Billigarbeitskräfte aus dem fernen Osten, die deutscher Qualitätsarbeit den Markt entziehen. Kaum ein anderes Thema schürt dermaßen politisch geprägte Voreingenommenheiten; und wenn die echten Notlagen real zunehmen, mag durchaus eine brisante Mischung wie in den 1930er Jahren vor dem Aufkommen des Faschismus resultieren. Insgesamt wird einer Spaltung und Polarisierung in Chancenreiche und »Abgeschriebene« Vorschub geleistet. Empfundene soziale Ungleichheit verstärkt sich; die Gesamtgesellschaft wird in der

Verteilung ihrer Güter mehr und mehr als ungerecht angesehen. Auch bei eigentlich Unbeteiligten, aber um ihren Status Bangenden steigt der Druck: Arbeitgeber können Lohnerhöhungsverzicht und Aufgabe von Kündigungsschutzrechten leichter mit dem Argument der »Rettung« von Arbeitsplätzen quasi erpresserisch durchsetzen. Gleichzeitig nimmt die Neigung zu illegaler und letztlich gemeinschaftsschädigender, im Einzelfall aber existenzsichernder Schwarzarbeit zu. Insgesamt trägt dauerhaft anhaltende Massenarbeitslosigkeit zu einer Dauerdepression im gesellschaftlichen Klima bei, das insgesamt wie auch bei einzelnen Motivation, Initiative und Engagement bremsen kann und einer gleichgültigen Perspektiv- und Hoffnungslosigkeit Vorschub leistet, die sich auch in (meist unterschwelligem) Hass auf die gesamte Gesellschaft niederschlagen kann, wie dies denn auch bei vielen Langzeitbetroffenen der Fall ist. Seelsorge und Beratung können hier nicht individualistisch kompensieren, aber Kommunikation und Diskussion anbieten. Außerdem können wir uns auch mit unseren Erfahrungen im gesellschaftlichen Diskurs einmischen.

Exkurs: Psychologische Forschung zur Arbeitslosigkeit: Was lässt sich belegen?

Gute Zusammenfassungen hierzu finden sich bei Mohr (2009) und Frese (2008). Hier einige Aspekte:
- Bereits in der Antizipationsphase von Arbeitslosigkeit (drohender Arbeitsplatzverlust, Arbeitsplatzunsicherheit) lassen sich Belastungsreaktionen (auch bei später gar nicht von Entlassung Betroffenen) nachweisen.
- Das Erleben und die Auswirkungen der Erwerbslosigkeit müssen auch als abhängig von der früheren Erwerbssituation betrachtet werden. Dort erworbene Schlüsselqualifikationen können bei der Bemühung um Wiedervermittlung hilfreich sein.

- Veränderungen in der psychischen Verfassung durch das Erleben von Erwerbslosigkeit müssen von bereits vorher vorhandenen psychischen Beeinträchtigungen unterschieden werden.
- Erwerbslose werden sowohl aufgrund ihrer psychischen Labilität erwerbslos wie auch die psychische Labilität der Betroffenen eine Folge der Erwerbslosigkeit ist.
- Erwerbslosigkeit begünstigt verschiedene psychische Beeinträchtigungen: Depressivität, Angstsymptome, psychosomatische Beschwerden, negative Auswirkungen auf das Selbstwertgefühl. Diese Beeinträchtigungen gehen nach einer Wiedervermittlung zurück.
- Zentrale Bedingung zur Erklärung von Unterschieden in Erleben und Bewältigung ist die Dauer der Erwerbslosigkeit.
- Zusammenhänge von Erwerbslosigkeit und erhöhter Gewaltneigung bzw. Kriminalität sind nicht erbracht: wenn, dann spielen sozial-emotionale Defizite dabei eher eine Rolle als ökonomische Mangelzustände.
- Ein genereller direkter Bezug zu einer erhöhten Suizidrate ist nicht nachzuweisen. Solche Zusammenhänge sind aber in Einzelfällen vorhanden, oft mitbedingt durch andere Faktoren, wie soziale Isolation oder vorher bereits vorhandene psychische Labilität.
- Erwerbslose haben ein deutlich negativeres Selbstkonzept als Erwerbstätige, nicht generell, aber in spezifischen Aspekten und zunehmend nach längerer Dauer der Erwerbslosigkeit.
- Die bereits zuvor vorhandene (positive oder negative) familiäre Beziehungsqualität wird während der Erwerbslosigkeit verstärkt.
- Besonders die Erwerbslosigkeit des Mannes ist ein hohes Risiko für eine instabile Partnerbeziehung. Spannungen zwischen den Partnern werden dabei verstärkt durch Probleme beim Rollenwechsel, die Dauer der Erwerbslosigkeit, soziale Isolation und vermehrte häusliche Präsenz des Erwerbslosen.
- Erwerbslose haben generell mit reduzierter Partnerschafts-

stabilität zu kämpfen. Sie gehen seltener feste Partnerschaften und Ehen ein und haben und wünschen sich weniger Kinder. Familiengründungen finden deutlich später statt. (Förster et al. 2008)

– Kinder erwerbsloser Eltern weisen auf: geringeres Geburtsgewicht, geringeres Wachstum, erhöhte Unfallrate, häufigere Krankheitseinweisungen, häufigere Schulabbrüche, häufigeres selbstdestruktives Verhalten, geringere Arbeitsidentifikation und Leistungsmotivation, im weiteren Lebensverlauf erhöhte eigene Erwerbslosigkeit.
»Dabei scheinen die sozial-emotionalen Defizite in der Eltern-Kind-Beziehung bedeutsamer zu sein als die ökonomische Lage. Eine gute Beziehung und kompetentes Erziehungsverhalten hilft, negative Folgen der elterlichen Erwerbslosigkeit zu verhindern« (Mohr 2009).

– Besonders eine Elterntrennung wirkt sich kritisch auf das spätere Risiko von Erwerbslosigkeit aus.

– Erwerbslose sind weniger aktiv, reduzieren v.a. Aktivitäten, die mit Geldausgaben verbunden sind. Häusliche Aktivitäten nehmen zu, soziale Aktivitäten nehmen ab. Diese Effekte sind deutlich schwächer, wenn die Erwerbslosigkeit als vorübergehend eingeschätzt wird.

– Die Dauer der Erwerbslosigkeit und die finanzielle Lage sind wesentliche Faktoren bei der Ausprägung der psychischen Beeinträchtigungen. Es ist dafür wichtig, die Dauer kurz zu halten und die materiellen Verluste nicht zu radikal werden zu lassen.

– Als besonders positiv erweist sich die gegenseitige soziale Unterstützung durch gleichermaßen Betroffene, vor allem in der ersten Zeit der Erwerbslosigkeit.

– Die Scham und Angst vor Diskriminierungen durch die eigene Erwerbslosigkeit hat in den letzten Jahren zugenommen. Erwerbslosigkeit wird nicht mehr sinnlich als kollektive Situation erlebt, sondern als individuelles Schicksal.

– Das höchste Risiko für Langzeitarbeitslosigkeit haben Menschen mit gesundheitlichen Einschränkungen, gering Qualifizierte, Alte und Frauen.

– Für die Wiedervermittlung entscheidend ist weniger die Quantität als vielmehr die Qualität des Arbeitssuchverhaltens (Bewerbungen etc.).

– Erwerbslose haben verstärkt externale Kontrollüberzeugungen, d.h. fühlen sich eher schicksalhaft von anderen bestimmt. Externale Attribuierung der Erwerbslosigkeitsursachen kann depressionsreduzierend sein; für den Wiedereinstieg besser ist internale Attribution auf veränderbare Personmerkmale.

– Die Fähigkeit zu einer gewissen inneren Distanzierung (»nicht nachdenken über den Arbeitsplatzverlust«) als Form des emotionalen Copings scheint positiv zu korrelieren mit mentaler Erholung und beruflichem Wiedereinstieg.

– Arbeitslose profitieren vom Training im konstruktiven Umgang mit Misserfolgen.

– Die Vorbereitung auf die Phase der Erwerbslosigkeit v.a. bezüglich der eigenen psychischen Belastbarkeit, aber auch der zur Verfügung stehenden psychosozialen Ressourcen sollte bereits während des Ablaufs der Kündigungsfrist geschehen.

– Das engere soziale Umfeld (auch das familiäre) sollte bei intervenierenden Hilfen einbezogen werden. »Weak ties« (Bekanntschaften, Beziehungsnetze) helfen, die Wiedereingliederung zu schaffen.

– Gemeinnützige Arbeit ist eine Hilfe beim Übergang in den ersten Arbeitsmarkt und trägt zur psychischen Stabilisierung bei, kann aber auf Dauer die Funktion der Erwerbsarbeit für die psychosoziale Gesundheit nicht ersetzen.

– Erfahrene Arbeitslosigkeit führt zu einem deutlichen Abbau von Zukunftszuversicht, bei den Betroffenen, aber darüber hinaus sogar bei deren Kindern. (Förster et al. 2008)

4. Seelsorgliche Situation und theologische Reflexion

Einem Menschen die Möglichkeit zu lebensnotwendiger und erfüllter Arbeit zu nehmen heißt, ihm seine Gottesebenbildlichkeit zu bestreiten … Die Situation der Trennung des arbeitenden Menschen von seiner Arbeit, von seinen Arbeitskollegen und von dem geschichtlichen Projekt der Menschheit – das ist, was der christliche Glaube »Sünde« nennt. (Dorothee Sölle)

Dieses Buch behandelt sein Thema aus der Sicht eines Psychologen, psychologischen Beraters und Psychotherapeuten, der seit vielen Jahren an Evangelischen Lebensberatungsstellen gearbeitet hat. Das Verständnis von Beratung und Seelsorge ist in diesem Arbeitsfeld »genähert«, wenn auch nicht als identisch zu sehen. Ich möchte pragmatisches Verstehen vorschlagen. Seelsorge soll hier verstanden werden als eine Form der Beratung, die explizit religiöse christliche und spirituell-transzendente Ebenen in den Austausch zwischen Beratendem und Ratsuchendem einbezieht. In die Diskussionen der neueren »Beziehungsforschung« von psychologischer Beratung und Seelsorge sind gegenseitig reduzierende und exkludierende Töne geraten. Dies soll hier nicht geschehen. Beide Felder können voneinander lernen. So wird etwa Seelsorge durch systemische Sichtweisen und Methodik in ihrer Wirksamkeit erweitert (Morgenthaler 2002); auch in der Beratung wird mehr und mehr das Ausklammern einer transzendenten Dimension menschlicher Existenz als nicht mehr zeitgemäß gesehen. In einer evangelischen Sicht von seelischer Unterstützung von Menschen scheinen Beratung und Seelsorge mir in einem Ergänzungs- und gegenseitigem

Bereicherungsverhältnis aufeinander angewiesen. Beide »Berufsgruppen« brauchen Diskussion, Austausch und Entwicklung gemeinsamen Verständnisses für die menschlichen Problematiken. Ein grobes Auseinanderdifferenzieren von »diakonisch orientierter Beratung« und »theologisch fundierter Seelsorge« ist zumindest, wo es um Seele und Seelenheil geht, menschenbildlich verstanden engstirnig, engherzig und unsachgemäß und in erkenntnis- und kommunikationstheoretischem Sinne unvertretbar.

Hier nun zur seelsorglichen Praxis einige leitende Gedanken und Erläuterungen:

Gerechtigkeit widerfahren zu lassen heißt zunächst »ich versuche Dir gerecht zu werden«

Da geht es um Beziehung und Beziehungsgestaltung, nicht um abstrakte Ausgleichsberechnungen. Eine gerechte Chancengleichheit oder Schicksalsgerechtigkeit gibt es ja in der Realität nicht; sie können auch nicht durch Glaube und Religionsbezug erschaffen werden. Aber ein Recht auf Aufmerksamkeit und Kontakt, auf ein Mit- und Eingehen auf die jeweils persönliche Situation ist seelsorgerisch-theologisch dringend zu vertreten.

Hinsehen, nicht verleugnen

Eine Theologie des Hinsehens verbietet Ignoranz und Ausgrenzung, durch einen Glauben, der aus dem Sehen kommt. Und dieses Sehen wiederum müsse ein Sehen der Liebe sein, wie Bischof Norbert Trelle zu Ostern 2009 ausführt. Wahre Liebe mache eben nicht blind, wie immer behauptet werde, sondern sehend. Wer den anderen mit den Augen der Liebe sehe, der liebe ihn um seiner selbst willen, der lasse seinen Nächsten auch dann nicht alleine, wenn alles sinnlos oder vergeblich scheine.

»Wer kann wohl den Hunger ermessen, den viele Menschen geistig und psychisch erleiden, bevor sie der Versuchung erliegen, sich der Dämonie der Zerstörung auszuliefern?« fragt Trelle zwar mit Blick auf den Amoklauf von Winnenden; dies ließe sich aber auch mit dem Blick auf das Schicksal Dauerarbeitslosigkeit unter dem Aspekt der resignativen Selbstzerstörung fragen. Mancher Politiker habe danach eine neue Sensibilität des Hinsehens gefordert: Dies darf nach Trelles Überzeugung aber kein prüfender Blick sein, »… der nur in den Allmachtsphantasien totalitärer Staaten …« vorkomme, auch nicht »die Regelungswut von Bürokraten, die alle Lebensräume mit Vorschriften zustellt«. Gefragt sei vielmehr ein Hinsehen, das den Menschen spüren lasse, dass er von Gott geliebt ist (Trelle 2009). Wie oft mögen sich Arbeitslose dies beim Kontakt mit der Verwaltung ihres Schicksals gewünscht haben?

Trinitarische Bedeutung der Arbeit – dies darf keinem Menschen genommen werden

Sonja Sailer-Pfister (2006) versteht Arbeit ebenfalls als Ausdruck der Gottesebenbildlichkeit des Menschen. Trinitarische Bedeutung der Arbeit heißt: Arbeit sei Mitschöpferschaft am Werk des Vaters, Teilhabe am Erlösungswerk des Sohnes und Ausdruck der Wirkkraft des Geistes in der Welt. Postuliert wird ein Menschenrecht auf Erwerbsarbeit, das von der theologischen Ethik einzuklagen sei. Menschenunwürdige Arbeit und Arbeitslosigkeit haben als strukturelle Sünde zu gelten.

Ein aktiver Platz für Arbeitslose in Kirche und Gemeinde

Arme und Arbeitslose müssen von Objekten in der Kirche zu Subjekten werden (Margot Käßmann). Es können Betätigungsfelder geschaffen werden, am besten von qualifizierten Betroffenen selber, die als nicht demütigend und zweitklassig, sondern neuartig, für die Gemeinde nützlich und zukunftsorientiert erlebt werden und in denen die Ehrenamtlichkeit freiwilliger Arbeitsloser deren besonderen Einsatz und Fähigkeiten zur Wirkung bringt. So würden sie zu Subjekten in der

Gestaltung des Gemeindelebens werden können. Bisherige
Beschäftigungsmöglichkeiten (»1-Euro-Jobs«) sind dagegen
doch eher als Gnadenakte gegenüber Hilfsbedürftigen ein-
zuordnen und in Konkurrenz zu alternativen Arbeitsmög-
lichkeiten auf dem ersten Arbeitsmarkt zu sehen und werden
auch so erlebt, was ihren psychologischen »Aufbaueffekt«
nicht mindert oder gering schätzt. Selbstbestimmte sinn-
hafte Beiträge mit dem Potential eigener Fortentwicklung
innerhalb einer gewählten Gemeinschaft werden gesucht.
Eine »professionelle« Ehrenamtlichkeit, die auch soziales und
geistiges Leben der Gemeinde bereichert, ist damit gemeint.
Das ist dann nicht nur ein Platz für Bedürftige, sondern ein
neuer Lebensbereich jüngerer selbstbewusster Gemeindeglieder (z.B. PC-Kurse geben, Veranstaltungsmanagement, Bib-
liothek und Medien, Internet-Fachkenntnisse zur Verfügung
stellen, Beratung in speziellen Gebieten, aktive Unterstützung
anderer Gemeindeglieder). Gemeinde sollte hier einladen,
aber auch erfüllbare oder »fordernde« Anforderungen stellen. Das in Zukunft vermutlich dauerhaft verfügbare riesige
Potential momentan nicht erwerbstätig nutzbarer Energien
und spezieller Kompetenzen ist ein besonderes Reservoir,
dass auch ganz neue Profilbildungen ermöglichen könnte in
einer stärker lebensfeldorientierten und jüngeren Gemeinde-
praxis, die mehr zutraut und vertraut, als sich überwiegend
fürsorglich-betulich zu geben. Dies wird unterstützt durch die
wachsende Arbeitslosigkeit besser qualifizierter Fachkräfte.

Hoffnung haben heißt sich weiter entwickeln

Die Hoffnungskategorie hat (nicht nur theologisch, aber
auch) zwiespältigen Charakter: sie kann Perspektiven geben
und ermutigen, gleichzeitig aber auch Nicht-Veränderung,
Nicht-Autonomie, Illusionen und Schicksalsergebenheit verstärken. Wer hofft, kann aktiv oder passiv weiter leben. Es
ist die Frage, womit sich Hoffnung verbindet und auf welche
Ressourcen sie sich gründet. »Gott wird es schon für mich
richten« reicht hier kaum aus. Aber mit Gottes Hilfe kann

ich darauf vertrauen, dass meine inneren Ressourcen mir einen Weg eröffnen können, wenn ich erste Schritte gehe und nicht wartend – worauf? – verharre. Das wäre die »gangbare« Version einer in sich gründenden Hoffnung. Tobler (2004) beschreibt dies eingehend in besonderer Anlehnung an Moltmanns »Theologie der Hoffnung«.

Menschenwürde auch ohne Karriere und Leistung

Das christliche Verständnis vom Menschen kennt insgesamt solidarischen Umgang mit Schwäche, Versagen und Benachteiligung Anderer. Es beinhaltet Zugewandtheit und Ausrichtung auf den Anderen, der seinem Schicksal nicht allein und einsam überlassen werden soll. Der grundsätzliche Gemeinschaftsgedanke lässt niemanden allein, der sich nicht von sich aus ausschließt, ja er fordert, nach dem anderen zu suchen und zu sehen. Damit ist schon eine wesentliche Haltung gegenüber Menschen in isolierenden Lebenslagen gegeben. Interessant ist das Wort von einer »Struktur der Sünde« (Johannes Paul II.) bezogen auf die Arbeitslosigkeit, die das Geschehen nicht ausschließlich der persönlichen Verantwortung zuschreibt. Solidarität, Gemeinschaftlichkeit, Würde durch Gottesebenbildlichkeit sind Orientierungslinien, die eine Entwertung und Ausgrenzung arbeitsloser Menschen verbieten.

»Es ist ein ethischer Grundwert, dass alle Menschen materiell abgesichert, sozial eingebunden und in freier Selbstentfaltung leben sollen. In unserer ›Arbeitsgesellschaft‹ ist die Erwerbsarbeit das zentrale Mittel zu diesem Zweck, um menschenwürdig und integriert leben zu können. Das ethische Problem, das ›Unchristliche‹ an Arbeitslosigkeit ist, dass Menschen ohne Arbeit dieser Weg zu materieller Absicherung, sozialer Integration und Selbstwertgefühl versperrt ist. Vor diesem Hintergrund muss auch überlegt werden, ob diese ungeheure Dominanz der Erwerbsarbeit als entscheidendes Mittel zu menschenwürdigem Leben überhaupt sinnvoll ist oder nicht relativiert werden müsste. Die vom christlichen Menschenbild inspirierte Zusage an arbeitslose

Menschen muss lauten: ›Du hast Wert und Würde unabhängig von der Leistungsfähigkeit und auch Leistungsbe-
reitschaft!‹ Zusätzlich muss den bestehenden Vorurteilen
widersprochen werden: Arbeitslosigkeit ist primär kein
individuelles Versagen sondern ein strukturelles Problem.
Wir, die Gesellschaft, die Gemeinschaft, haben ein Problem!
Bei dem gesellschaftlichen Problem Arbeitslosigkeit ist auch
die gesellschaftliche Institution der Kirche gefragt. Sie hat aus
ihrer ›Option für die Armen‹ eine Verpflichtung, sich um arbeitslose Menschen zu sorgen, sie zu unterstützen, aber auch
politische Maßnahmen zur Reduzierung und Verhinderung
von Arbeitslosigkeit einzufordern. Gleichzeitig ist menschenunwürdige Arbeit scharf zu kritisieren« (Kreutzer 2009).

Evangelische Sozialethik

Benachteiligung durch prekäre Arbeitsverhältnisse und Arbeitslosigkeit ist ein unverantwortbarer Widerspruch zur
christlichen Tradition der Schöpfungs- und Rechtfertigungs-
würde menschlichen Daseins.

»Wenn gute Erwerbsarbeit als notwendige Bedingung der
Möglichkeit von Anerkennung, Teilnahme und Teilhabe und
sogar der Entwicklung einer Lebenssinnperspektive gelten
soll, muss auch jedem Menschen ein Erwerbsplatz zur Verfügung stehen, der die reale Chance zum Erlangen dieser Güter
bietet. Wenn das gesellschaftlich nicht gelingt, erscheint es
mir zynisch, den Benachteiligten der strukturellen Entwicklung dies Versagen als ihren individuellen Makel und ihre
persönliche Bürde aufzuladen. Weil aber auch gute Erwerbsarbeit nicht alle Probleme der gesellschaftlichen Integration
des Individuums löst, kann sich auch ihre im Interesse des
Gemeinwohls liegende Förderung nicht allein auf Arbeits-
marktpolitik beschränken« (Meireis 2006).

Engagierte Kirche bezieht beispielhaft klar Position: eine
österreichische Gliedkirche setzt einen Schwerpunkt bei der
Arbeitslosenthematik

»Unsere Hoffnung bekommt Hand und Fuß, wenn sich die

Kirchen auf ihre ureigenste Aufgabe zurückbesinnen, nämlich Anwaltschaft für die Schwachen zu übernehmen... Sie hat gar keine andere Wahl, wenn sie den solidarischen Gott der Bibel bezeugen will, der sich an die Seite der Arbeitssklaven in Ägypten stellt. Sie muss um dieses Gottes willen jegliche Versklavung in Arbeit und Arbeitslosigkeit bekämpfen. Sie hat gar keine andere Wahl, wenn sie Jesus Christus bezeugt, den menschgewordenen Gottessohn, der sich einließ in die Knechtsgestalten seiner Zeit. Anwaltschaft für die Bedrängten ist nicht eine hübsche Zutat unseres Glaubens, sondern zählt zu seiner Substanz. Darum ist mit der Anwaltschaft automatisch die Prophetie verbunden. Liebe und Gerechtigkeit – zwei Seiten ein- und derselben Medaille. Gerechtigkeit ist einer der Namen Gottes. Gerechtigkeitsdienst steht für die Propheten auf derselben Ebene wie der Gottesdienst. Die Kirche sollte den ›Roten Faden‹ ihrer Kapitalismuskritik endlich wieder aufnehmen und sorgsam weiterspinnen. Sie darf sich nicht verlieren in ständiger, lauwarmer Rücksichtnahme. Sie muss am helllichten Tag wahrgenommen werden an der Seite der Bedrängten, sie muss Farbe bekennen – nicht nur im Leitungsamt, sondern in all ihren Gliedern. Das verunsichert die Akteure, das bestärkt die Betroffenen. ›Arbeitslos – nicht hoffnungslos‹ – Am meisten bekommt unsere Hoffnung Hand und Fuß in jenem Hoffnungs-Potential, das die Erwerbslosen selber erbringen. In der Entschiedenheit, in ihrem festen Willen, sich in Gesellschaft einzubringen mit ihrem Können, ihrem Fleiß, ihrer Kreativität, ihrer Verantwortlichkeit. Sie werden dem Ausdruck verleihen. Sie müssen immer wieder lästig und aufdringlich werden und von sich reden machen. Sie legen den Finger in eine blutende, gesellschaftliche Wunde. Es geht nicht an, dass die einen sich dumm und dusslig schaffen und die andern leer ausgehen. Es geht nicht an, dass die einen sich ihre Arbeit mit Millionen vergüten und Arbeitsplätze abbauen und andere am Existenzminimum herumkratzen. Wo es alle Hände voll zu tun gibt, darf es keine Arbeitslosigkeit geben. Eine Gesellschaft kann nicht auf die Schaffenskraft, die Phantasie und Kreativität, den Fleiß und die Verantwortlichkeit von Millionen Menschen verzichten. Das können wir uns nicht leisten! Das ist Misswirtschaft und ein Verbrechen an den Menschen. Wo ein Land vor privatem Reichtum strotzt, darf es keine öffentliche und also auch keine persönliche Armut geben. Das ist unverträglich, das wollen wir nicht. Dagegen gehen wir vor. Unsere christliche Botschaft an die Erwerbslosen ist eindeutig: Ihr seid von Gott geliebt und angenommen – auch ohne Erwerbsarbeit. Und daher treten wir in der Gesellschaft für Euch ein: Ihr seid vollwertige Glieder und habt ein Recht darauf, angenommen und verstanden zu werden – auch ohne Erwerbsarbeit!« (Schobel 2007).

Noch einmal Dorothee Sölle:

»Denn wir brauchen nicht nur die Produkte, sondern die Arbeit selbst, um uns zu entwickeln und Vollkommenheit der Seele zu erreichen; das ist nicht ein bloßer idealistischer Anspruch, sondern im Sinne der Bergpredigt reale Möglichkeit des Menschen: ›Ihr sollt vollkommen sein, gleichwie euer Vater im Himmel vollkommen ist‹« (Matthäus 5,48).

5. Grundlegende beraterische und seelsorgliche Haltungen

Vorbemerkung

Wie kommen wir in den beratenden oder seelsorgerischen Kontakt zu Erwerbslosen und ihren Familien? Sprechen wir sie an oder kommen sie auf uns zu? Beide Richtungen sind prinzipiell möglich. In der kirchlichen Beratungsstelle, die Kontakt zum örtlichen Jobcenter hält oder bei der Vermittlung eines Ein-Euro-Jobs in einer Gemeinde wird der Ratsuchende möglicherweise per Empfehlung oder »Überweisung« auf uns zukommen; auf dem Gemeindefest oder bei einer öffentlichen Veranstaltung ist dasselbe möglich. Andererseits ist es auch seitens Gemeinde oder Beratungsstelle möglich, aktive Angebote zur Gesprächsanbahnung zu machen, z.B. in themenzentrierten Veranstaltungen oder speziellen Gesprächsangeboten. Mit der spezifischen Thematik befasste kirchliche Einrichtungen könnten Selbsthilfegruppen initiieren und betreuen (z.B. Kirchlicher Dienst in der Arbeitswelt). Ansonsten gilt: Millionen Betroffene leben jeden Alltag unter uns! Wir können ihnen eigentlich gar nicht nicht begegnen.

Wesentlich ist sicher die Unterscheidung zwischen informellem unverbindlichen Kontakt und (vereinbartem) intensivem persönlichen Gespräch. Im ersteren Fall wird es zunächst eher um eine generelle aufgeschlossene Haltung und möglichst Informiertheit gehen. Anderenfalls kann ein Gespräch vorbereitet, bewusst durchdacht und verarbeitet, nachbereitet und fortgeführt werden; es hat dann einen deutlich höheren Grad an Verbindlichkeit und gegebenenfalls auch Konsequenzen. Noch höhere Ansprüche stellt dann das intensive beratende, seelsorgerliche oder therapeutische Gespräch, das quasi Konsequenzen haben muss, wenn es seinen Stellenwert einlösen soll. Hier geht es nicht mehr nur um das darüber reden, sondern es ist eine intensive Auseinandersetzung des Betroffenen mit seiner Situation gefordert. Dies sollte auch nur mit Initiative und ausdrücklicher Zustimmung des Betroffenen geführt werden. Im Folgenden beziehe ich mich auf diese Gesprächsform, von der für andere Kontaktformen lernend generalisiert werden kann.

Was sind die allgemeinen Grundvoraussetzungen für die Gesprächshaltung in einem gelingenden beratenden und seelsorgerlichen Gespräch mit arbeitslosen Menschen? Ich will sie aus meiner Sicht kurz zusammenfassen:

Sprachfähigkeit und Fremdheitsfreundlichkeit

Wir gehen in dieser Begegnung häufig (bei weitem nicht immer) mit uns als in der Regel akademisch Gebildeten fremden und ungewohnten Sprachleveln, -stilen und –mustern um. Wir müssen versuchen, sie zu verstehen, aber nicht zu verwenden. Wir können uns bemühen, klar, kurz und verständlich im Gespräch zu sein. Aber wir müssen nicht unseren eigenen Sprachgestus verlassen oder unser gedanklich-sprachliches Komplexitätsniveau verlassen. Alles andere wäre anbiedernd. Es macht nichts, wenn wir den Betroffenen gelegentlich etwas weltfremd oder zu kompliziert erscheinen. Sie suchen in uns ja auch nicht ihresgleichen, sondern jemanden, der etwas Anderes, Neues anzubieten hat. Auch anderes aus der Welt der Betroffenen mag uns fremd und unverständlich erscheinen. Das heißt zunächst: um das Fragen kommen wir nicht herum, und wir sollten fragen, wenn wir etwas nicht verstehen, sonst nehmen wir uns und den Anderen nicht ernst. Fragen heißt auch sich zu interessieren. Und wir müssen auch (zunächst einmal) alles gar nicht besser wissen. »Umso besser«, werden die Betroffenen spüren: »endlich mal jemand, der nicht gleich alles weiß und dem ich noch etwas Neues zu erzählen habe«.

Selbstbescheidung im Nichtwissen

Woher sollen wir genau wissen, was dem Langzeitarbeitslosen zusteht oder nicht, was der persönliche Ansprechpartner im Jobcenter gerade für eine neue Dienstanweisung umzusetzen hat oder wie der Arbeitsmarkt für Gebäudeinnenblechlackierer gerade aussieht? Das können und müssen wir nicht wissen, aber wir dürfen von unseren Gesprächspartnern/innen Neues erfahren und lernen. Und wir dürfen erkennen, wie wenig wir aus deren Welt wissen und dürfen neugierig werden, mehr davon (aus in der Regel sicherer Distanz) kennen zu lernen. Nicht im Sinne einer enttarnenden Seziererei »Neues aus dem Reich des Elends«, sondern, weil es uns gut zu Gesicht steht, unser Weltbild in seiner Beschränkung zu erweitern. Wie immer sind die Betroffenen Experten ihrer Lage, nicht wir. Und wir dürfen mit Inspektor Columbo sagen: »Das verstehe ich nicht. Können Sie es mir bitte noch einmal erklären wie jemandem, der davon noch nie gehört hat?«

Respekt

Respekt heißt zunächst einmal Achtung vor dem so Sein und so Denken und Handeln des Anderen. Leben und leben lassen und dann anerkennen, was dem anderen zueigen ist und er/sie trotz widrigen Schicksals lebt. Und: wir als beratendes oder seelsorgendes Gegenüber benötigen auch den Respekt des Arbeitslosen, um überhaupt wirksam werden zu können. Gerade als Psychologen und Pastoren stehen wir ja gelinde gesagt im Verdacht, die Härten des Lebens schön zu reden oder immer zu wissen, was richtig und falsch, gut und schlecht für den Menschen sei. Also: auch wir brauchen Respekt für unser Bemühen, hier offen zu bleiben. Wir sollten diese Gegenseitigkeit erkennen und sie sorgsam pflegen. Respektlosigkeit und Missachtung, sowie Pauschalbeurteilung erleben Arbeitslose privat und öffentlich schon genug.

Lösungs- und Abwehrtoleranz

Wie ein Mensch mit seiner Lage umgeht, ist erstmal seine
Sache. Es mag uns dumm, unverständlich, infantil, übere-
motional, unklug, blind, unüberlegt, einseitig, unreif usw.
vorkommen, es ist zunächst einmal »his own special way«.
Natürlich gibt es verschiedene Strategien, mit schwierigen,
überfordernden Situationen umzugehen. Manche davon
werden uns dysfunktional erscheinen, da sie nicht zu einer
Lösung, im Gegenteil eventuell sogar zu einer Verschlimme-
rung der Lage beitragen. Trotzdem besteht die Freiheit der
subjektiven Wahl. Und: viele sehen oder haben vielleicht auch
gar keine Wahl, sondern genau nur diesen einen Weg, den sie
jetzt, zu diesem Zeitpunkt, gehen können. Das müssen wir
erkennen, zulassen und wenn möglich nachvollziehen oder
gar zu verstehen bereit sein oder werden. Auch wir stehen
vor der Aufgabe, das Repertoire möglicher Wege im Leben
sich ständig erweitern zu sehen, ohne dass wir für uns selbst
mehr gangbare Wege sehen als vorher. Trotzdem dürfen wir
in Beratung und Seelsorge immer »Optionenkellner« (Ulrich
Clement) bleiben, andere, bisher nicht beachtete Wege und
Möglichkeiten ins Spiel bringen – dies ist vielleicht unsere
vornehmste Aufgabe. Aber: alles, was die uns begegnenden
Menschen schon »angestellt« haben – auch das waren Versuche, mit den Schwierigkeiten in ihrem Leben klarzukommen.

Frustrationstoleranz

Und wenn dann unsere Gesprächspartner/-innen nichts annehmen, nichts an ihrem Verhalten ändern … ist es ihr gutes Recht. An unsere Versuche, neue hoffnungsvollere Wege
aufzuweisen, darf nicht unsere Überzeugung gekettet sein,
diese müssten zwangsläufig auch begangen werden und womöglich sei sonst die ganze Bemühung umsonst gewesen. Im
Gegenteil: wir müssen Freiheit geben und lassen. Dies können
wir tun in bewusster Abgrenzung zu den gesellschaftlichen
Akteuren, die mit der Rolle des Arbeitslosen zu stellende

Forderungen, Erwartungen, Ansprüche verbinden und damit eine zusätzlich quasi sanktionierende Haltung gegenüber den Betroffenen einnehmen. Wenn die Beratung oder das Seelsorgegespräch nicht zu neuen Ufern führen, darf daraus »kein Strick gedreht« werden. Denn dann würden wir unsere Überzeugungskraft oder die Kraft unserer Zuwendung verraten und uns zu Werkzeugen zweckgerichteter Manipulation herab würdigen. Dies ist kein einfacher Punkt, denn vielleicht handeln wir im Auftrag und unsere Bemühungen werden vielleicht sogar finanziell honoriert und wir wollen uns mit erfolgreichen Wiedereingliederungsleistungen bedanken oder selbst bestätigen. In wessen Auftrag sind wir eigentlich unterwegs und welche Rolle spielen dabei unsere eigenen Wertvorstellungen?

Unerschütterlichkeit und Beharrlichkeit

Zunächst einmal ist Geduld erforderlich. Bis ein arbeitsloser Mensch sich wieder als Gestalter seines Lebensschicksals wahrnehmen kann, muss eine Phase der Enttäuschung, Desillusionierung, Mutlosigkeit und Resignation durchschritten werden. Wir werden gegebenenfalls für längere Zeit »auf Granit beißen«, wenn wir auf Ressourcen, neu erwachsende Motivationen und kreative Lösungen setzen, weil der Betroffene uns und sich von der Unsinnigkeit solcher Wege zu überzeugen versucht. »Sie haben gut reden, Sie können mir doch auch keinen Arbeitsplatz besorgen« dürfte eine der Standardwendungen sein. »Gut, da haben Sie womöglich recht, und jetzt schauen wir mal weiter …« könnte es dann weiter gehen. Was wir sagen und vorschlagen, darf seine Berechtigung und seine Langzeitwirkung nicht aus unserer einfallsreichen Klugheit oder Eitelkeit, sondern aus unserer Überzeugung und unserem Durchhaltevermögen beziehen, darin klar zu sein, dass es keine Alternative geben kann dazu, irgendwann selbst wieder aufzustehen und sein Leben in die Hand zu nehmen. Und so lange bleiben wir in der Nähe …

Fehlerfreundlichkeit

brauchen wir sowohl für die arbeitslosen Ratsuchenden wie auch für uns selber. Es gilt, Fehler zu erkennen und daraus zu lernen. Für die Arbeitssuchenden bedeutet das, Eigenanteile an der Verursachung ihrer misslichen Lage zu erkennen und zu akzeptieren, auch zu entscheiden und zu überlegen, ob und wie an der Fehlerbehebung gearbeitet werden kann. Wichtig wird die Herausbildung des Bewusstseins sein: Fehler werden gemacht von Menschen, die deshalb keine Fehler sind. Und: erst das ständige Wiederholen und Festhalten an fehlerhaftem Verhalten verursacht dauerhafte Nachteile. Fehler des Beraters/Seelsorgers könnten sich an Selbstvorwürfen, aber auch am konflikthaften Verlauf oder gar Abbruch des Kontaktes zeigen. Es ist wichtig anzuerkennen, dass es sich um Beziehungsphänomene handelt, wir also nicht alles selbst in der Hand haben, weder die Beständigkeit noch den Erfolg des Kontaktes für den Ratsuchenden. Auch wir unterliegen – Gott sei Dank! – lebenslangem Lernen.

Enttäuschungstoleranz

Unsere Wut über einen Kontaktabbruch, die Lethargie eines Betroffenen, die Erfolglosigkeit des Ganzen oder die dauerhafte Aussichtslosigkeit aufgrund der Wirtschaftslage beim Versuch, jemandem in der Situation Arbeitslosigkeit zu helfen, müssen wir lernen auszuhalten und als selbstverständlichen emotionalen Anteil in dieser Arbeit zu akzeptieren. In kaum einem anderen Beratungs- und Seelsorgebereich sind Fortschritte und Erfolge so von äußeren Faktoren abhängig.

Mut zur Unklarheit

Dies betrifft sowohl die Auftragslage in der Beratung als auch die Einschätzung ihrer Erfolgswahrscheinlichkeit. Ja, oft wird zumindest am Anfang unklar sein, was überhaupt Kriterien eines Erfolgs sein könnten (etwa »Eroberung« eines neuen

Arbeitsplatzes gegenüber einer erfolgreichen psychischen Strategie für den Umgang mit dem Fakt der dauerhaften Arbeitslosigkeit). Auch die Themenwahl, die sich aus der spezifischen Situation des/der Betroffenen ergibt, mag zu Beginn unklar sein. Insgesamt sollte uns selbst klar sein, was uns unklar ist, und wie wir es angehen, dort Klarheit zu schaffen, wo uns Unklarheit am meisten betrifft oder beeinträchtigt oder auch irritiert, was Hinweise auf wesentliche Anliegen sein könnten.

Unabhängigkeit, einen eigenen Standpunkt wahren

Weder steht es uns gut zu Gesicht, Arbeitslose als Opfer, noch als Täter zu sehen. Auch die Gesellschaft, ihre Institutionen, die Wirtschaft, das Management sind in ihrer Verantwortlichkeit, nicht jedoch einseitig als Täter zu identifizieren. Wir müssen eine multiple Ausgangs- und Auftragslage unserer Seelsorge- oder Beratungstätigkeit anerkennen, diese reflektieren und Entscheidungsprozesse über unseren Umgang damit treffen. Weder sind die Arbeitslosen Menschen, mit denen wir uns verbünden können, noch verkennen wir oder übernehmen kritiklos eine Rolle im Integrationsauftrag der gesellschaftspolitischen Agenturen. Natürlich sind wir dabei keineswegs unabhängig, und trotzdem sind höchste Integrität und eine eigenständige Urteilsbildung von uns gefragt.

Sympathiefähigkeit

Arbeitslose in Beratung und Seelsorge werden unsere Sympathien nicht im Sturm erobern. Dazu werden sie in der Regel erst einmal zu »sperrig«, bedrückt oder aggressiv sein. Das herzustellende Gleichgewicht von empathischem Nachvollziehen der schwierigen Lage und der Konfrontation mit der Eigenverantwortlichkeit für die weitere Entwicklung macht es nicht einfacher. Es ist wichtig, den Menschen hinter der Situation »ganz zu spüren« ebenso wie unsere kritischen wie auch kritiklosen »Eigenanteile«, die vereinnahmend oder abwehrend »mitschwingen« wollen. Aber viele von uns kennen die Erfahrung, wie uns Menschen durch eine engagierte Auseinandersetzung mit uns oder allmählicher Öffnung uns gegenüber sympathischer werden, als wir es uns von vornherein vorstellen konnten.

Geringe oder zumindest kontrollierbare Kränkbarkeit

Wir werden uns einiges anhören können müssen. Denn wir sind auch Teil des Systems, über das der Erwerbslose sich beklagt und unter dem er leidet. Und wir haben gut reden als Kirchenbeamte oder in der Regel nicht schlecht bezahlte Angestellte. Wir sollten das gelegentlich aushalten können und nicht mit Beziehungsabbruch reagieren. Vielmehr ist Offenheit in diesen Belangen geradezu eine Voraussetzung für das Gelingen einer Beziehung. Wir müssen die Äußerung von uns nicht angenehm erscheinenden Gefühlen aushalten können und Worte der Erwiderung finden, die zeigen, dass wir gehört haben, zu verstehen versuchen und auch etwas dazu zu sagen haben. Sind wir persönlich getroffen, beleidigt oder verletzt, sollte dies im Dialog nicht verschwiegen werden, aber eben im Rahmen des Problemkontextes von beiden Beteiligten bewegt werden können, wobei uns in der Regel die beweglichere Position zur Verfügung stehen sollte.

Hoffnungsvermittlung, aber mit Fähigkeit zur Beschränkung der eigenen Einflussnahme

Das Hoffnungskonzept spielt eine besondere Rolle bei der theologischen Fundierung beratender und seelsorgerlicher Angebote. Es sollte immer mitschwingen, darf jedoch nicht dazu verleiten, »Gehirnwäsche« in dieser Richtung anzubieten. Hoffnung ist auffindbar und wieder verankerbar in den Lebensäußerungen der Betroffenen, aber niemals per Zureden oder Einreden, durch Behauptungen, Einschätzungen oder gar durch »Bearbeiten« der Betroffenen. Auch darf nicht zu Gefallen des Beratenden hoffnungsvolles Verhalten

»produziert« werden. Vielmehr muss auch massive Hilf- und Hoffnungslosigkeit an- und ausgesprochen, ausgehalten und nachvollzogen werden können, um angesichts eines verwüsteten Gartens dem zarten Pflänzchen Hoffnung überhaupt einen Platz im Gesamtkontext von Verlust und Frustration gewähren zu können.

Zugewandte Desillusionierung, Wahrung des Realitätssinns

Solidarisch sein und kritisch hinterfragen, wenn Arbeitslose »sich etwas vormachen«, schließt sich nicht aus. Es ist unsere Verantwortung, Fehleinschätzungen, mögen sie aus falschen Informationen des Bewusstseins oder Konfliktvermeidungsabwehr des Unbewussten resultieren, zu korrigieren. Dabei liegt die Kunst des seelsorglichen oder beratenden Begleiters im »Wie«, nicht im »Ob«. Die Integrität und Würde eines Menschen zu wahren, »Lebenslügen« durch Alternativen an inneren »Überlebensstrategien« zu ergänzen und langsam zu überwinden, sind unsere Aufgaben. Umsichtiges beispielhaftes Umbauen einzelner innerer Räume, ohne das seelische Gesamtgebäude stark zu beeinträchtigen oder tragende Fundamente einzureißen, muss die Devise sein. Schutz geht vor Konfrontation, aber ohne ein Mindestmaß an Konfrontation können wir langfristig auch nicht zu seelischem Selbstschutz beitragen.

Das Thema der Motivation und Freiwilligkeit

Beratung und Seelsorge für Arbeitslose und ihre Familien mag manchmal von diesen selbst gesucht oder veranlasst werden, z.B. in Arbeitslosenselbsthilfegruppen. In der Regel jedoch wird ihnen Hilfe von außen »angediehen«. Damit stellt sich die Frage, wie dies erfolgreich geschehen kann und was dabei die Konsequenzen sind. Welche Interessen stehen zunächst hinter dem Angebot? In den Jobcentern steht das Interesse der Reintegration in den ersten Arbeitsmarkt im Vordergrund. Hinzu kommen die Ziele verbesserter Vermittelbarkeit, zielgerichteter Fort- und Weiterbildung und Rehabilitation und ggf. der Kostensenkung für die Arbeitsverwaltung. In kirchlichen und diakonischen Beratungseinrichtungen wird der zweite Arbeitsmarkt mit unterstützt und besetzt und das Thema Arbeitslosigkeit in seinen sozialen Konsequenzen bearbeitet. In Psychologischer Beratung und Seelsorge können alle diese Bemühungen unterstützt werden. Sie haben darüber hinaus aber noch eigene Aspekte:

- Ziel kann primär nur die psychische Verarbeitung der Situation sein, nicht deren äußere Veränderung.

- Ohne eine »innere« Akzeptanz des Beratungs- oder Seelsorgebegleiters und dessen Angebots durch den Arbeitslosen wird es nicht wirksam. Es ist eine persönliche Entscheidung des »Klienten« für die Seelsorge und Beratung erforderlich, die über die Tatsache einer Empfehlung oder »Überweisung« hinausgeht.

- Persönlichkeitsrechte und Vertrauensschutz sind unabdingbare Voraussetzungen, denn es geht auch um »Privates« und »Geheimnisse«.

- Der Berater und Seelsorger hat keinerlei Sanktionsgewalt; sie sollte auch nicht indirekt an seine Rolle gekoppelt sein, denn sie zerstört die Beratungsgrundlage des Vertrauens in die Ganzheit des Betroffenen mitsamt seiner »Schwächen« und »Störungen«.

- Beratung und Seelsorge garantieren keine »handfesten« Ergebnisse, z.B. erhöhte Vermittlungszahlen; sie können bestenfalls Chancen befördern oder Risiken mindern. Ihre Erfolgskriterien sind »weicherer« Art: Stärkung von Selbstvertrauen, Zuversicht und Aktivität, Bewältigung von Schwierigkeiten und inneren Konflikten.

- Psychologische und seelsorgerliche Begleitung Arbeitsloser und deren Bezugspersonen müssen freiwillig erfolgen. Dies schließt Information und Empfehlungen durch andere, etwa die Arbeitsverwaltung, nicht aus.

- Auftraggeber und »Entscheider« bezüglich der Beratung und Seelsorge bleibt der arbeitslose »Klient«. Das schließt

»Überweisung« und Vorbereitung z.B. durch die Arbeitsverwaltung nicht aus.

- Der Vertrauensschutz muss gewahrt und garantiert bleiben; das schließt Rückmeldungen an Andere bei Einver-
ständnis der Klienten nicht aus.
- Ziele der Beratung und Seelsorge werden intern »verhandelt«; das schließt die Übernahme extern gesetzter oder
beschlossener Ziele nicht aus.
- Ergebnisbezogene externe Anspruchshaltungen und Forderungen, die ggf. mit Kontroll- oder Sanktionsdrohungen
bewehrt sind, schränken die Erfolgswahrscheinlichkeit be-
raterischer und seelsorgerischer Bemühungen in der Regel
massiv ein. Auch dies schließt Ausnahmen nicht aus.

In Seelsorge und Beratung entspringt die Motivation der Klienten in der Regel aus der eigenen Beteiligung, dem eigenen
Interesse und der eigenen Erfolgshoffnung. Dies kann durch
gut strukturierte Prozesse und gelingende Beziehungen stabi-
lisiert und erweitert werden. Von außen erzwungen werden
kann dies nicht. Dies schließt erleichternde Kooperationen,
Ermutigungen und Begleitungen nicht aus.

In Seelsorge und Beratung setzen sowohl Aufträge als auch
Erfolgskriterien am »Innenleben« der betroffenen Personen
an; die äußeren Ergebnisse (etwa das Wiedererlangen eines
Arbeitsplatzes) können hierbei als mögliche günstige Konsequenzen eines inneren Wandels interpretiert werden, der
woanders als weniger wichtig beurteilt werden könnte, zum
Beispiel bei einer rein inhaltsorientierten Schulung. Damit ist
auch die spezifische Legitimation von Beratung und Seelsorge
gegeben, denn ohne ihre Wirkungen im seelischen Bereich ist
die äußere Veränderung im Verhalten (z.B. bei Bewerbungen)
unwahrscheinlicher. Wird dies erkannt, so müssen auch spezifische Methoden, Voraussetzungen, Wertigkeiten und Re-
geln beraterisch-seelsorgenden Vorgehens respektiert werden.
Und das heißt: in Beratung und Seelsorge sind andere Maßstäbe an Beziehung, Inhalte und Vorgehensweisen anzulegen
als in der Betreuung durch die vermittelnden persönlichen

Ansprechpartner oder Fallmanager in den Jobcentern. Aber eben diese anderen Maßstäbe müssen von der Arbeitsverwaltung akzeptiert werden, sonst kann im Sinne der Betroffenen nicht gut kooperiert werden.

6. Brauchbare theoretische und methodische Ansätze

Vorbemerkung

Wir wollen hier nicht theoretische Gebäude der Beratung, Psychotherapie oder Seelsorge bauen, nachbauen oder besichtigen, sondern einige Anregungen und Hinweise geben, woher nützliche Grundideen bezogen werden können, die auf bestimmte Interventionsstrategien, also plausible und wirksame praktische Vorgehensweisen hinführen. Die Auswahl ist bestimmt durch Erfahrungen und Interessen des Verfassers und beinhaltet keine Wertung oder Prioritätensetzung und schon gar nicht irgendeine Art von Ausschließlichkeit. Sie möge zum Weiterdenken, -lesen und der Spurensuche zum vertieften Verständnis mancher bereits »intuitiv« entdeckter Optionen dienen.

Ressourcenverständnis, Wachstum und Entwicklung, Resilienz

»Krisen« oder »kritische Lebensereignisse« wie eintretende oder dauerhafte Arbeitslosigkeit können als Chancen zur Weiterentwicklung, menschlicher Reifung und zur Erweiterung individuellen menschlichen Potentials verstanden werden. Es wird dann nicht ausschließlich auf Gefährdung durch Defizite und Störungen, sondern auf vorhandene oder neu zu entdeckende Möglichkeiten (Ressourcen) und Sinngebung geschaut. Es wird angenommen, dass Menschen widrigen Geschehnissen, die ihre Psyche belasten, nicht hilflos ausgeliefert sind, sondern Widerstands-, Selbststützungs- und sozial bezogene Strategien entwickeln können. Das Vertrauen, in der Schöpfung aufgehoben zu sein, kann dazu ermutigen, sich quasi am eigenen Schopf (im günstigsten Fall mit Hilfe anderer) aus der schwierigen Lage zu befreien oder zumindest schadlos schwierige Zeiten vorüber gehen zu lassen und gestärkt daraus hervorzugehen (Resilienzkräfte). Das Vertrauen, das ein solches Verständnis in das (anders gesehen: von Gott verliehene) menschliche Potential setzt, ist dem Vertrauen in Gott und der Hoffnung auf Gnade aus dem Glauben heraus nicht fremd, sondern zumindest verwandt; hier berühren sich humanistisch-psychologisches und christliches Menschenbild. Beratung und Seelsorge können generell und im Detail das positive Denken in Möglichkeiten statt in Problemen pflegen und fördern.

Rolle von Bindung und Verlust

Der Verlust eines emotional bedeutsamen Objekts – das ist zumeist eine nahe stehende Person, kann aber auch eine Gruppe, Idee oder eben der Arbeitsplatz sein – muss durch einen Trauerprozess verarbeitet werden, der dem Ich zu einer neuen inneren Balance verhilft. Das ist eine gesunde, wünschenswerte und das Ich letztlich stärkende Reaktion auf einen Verlust. Häufig tritt aber an die Stelle dieser konstruktiven Trauerarbeit deren ungesunde pathologische Entgleisung: statt die emotionale Besetzung des verlorenen Objektes aufzugeben, wird sie in verschiedenen Formen aufrechterhalten. (C. Morgenroth)

Menschen unterhalten eine sinngebende innere Bindung an ihre Arbeit ebenso wie an andere sie im Leben »tragende« Menschen. Dazu kommt noch etwa die Beeinträchtigung oder auch Reduzierung sozialer Bindungen nach dem Verlust des Arbeitsplatzes. In der Theorie und Psychologie menschlicher Bindungsfähigkeit und –abhängigkeit in der Tradition von J. Bowlby werden die Prozesse der Entstehung, der Bedingtheit und Verletzlichkeit menschlicher Bindung und die Folgen solcher Verluste eingehend analysiert.

Es ist naheliegend, die Situation der Arbeitslosigkeit auch in diesen Kategorien zu verstehen. Der Verlust des Arbeitsplatzes löst eine Trauerreaktion aus; er führt den Betroffenen in eine innere Isolation und Entfremdung von sich selbst. Die verlorene Bindung an den Arbeitsplatz und an das dort gelebte innere Potential muss mühsam neu gefunden und wiederbelebt werden. Das frühere Bindungsschicksal eines Menschen wird innerlich reaktiviert; hiervon hängen hoffnungsvolle oder resignative Erwartungshaltungen oder Handlungsmuster ab. Trauern, Abschied nehmen und sowohl sich als auch andere Menschen neu finden gehören in den Prozess der Beratung und Seelsorge mit Arbeitslosen.

Stress- und Bewältigungsansätze mit entsprechenden kognitiven Prozessen

Psychophysische Belastungen eines Menschen erklären sich nicht nur aus äußeren Ereignissen und Faktoren, sondern besonders aus der Art und Weise ihrer inneren Verarbeitung. Das Ausmaß erlittenen Stresses hängt von komplexen kognitiven Einschätzungsprozessen und deren emotionalen Korrelaten ab. Diese Prozesse hat vor allem der amerikanische Psychologe R.S. Lazarus intensiv erforscht, beschrieben und strukturiert. Dabei spielen vor allem die Einschätzung der Qualität und des Umfangs einer Bedrohung für die Persönlichkeit und darauf folgend die Optionen der Person, damit umgehen zu können, eine Rolle. Handlungsorientierte Reaktionsmöglichkeiten sind von intrapsychischen Bewältigungsstrategien zu unterscheiden.

Exkurs
Vereinfachte Darstellung der Primär- und
Sekundärbewertung im Stressmodell von R. S. Lazarus
(Quelle: Wikipedia 11/2009)

»Primary Appraisal (Primäre Bewertung)

Situationen können nach Lazarus als positiv, irrelevant oder
potenziell gefährlich (stressend) bewertet werden. Wenn eine
Situation als stressend erlebt wird, kann diese Bewertung in
drei verschiedenen Abstufungen erfolgen: als Herausforderung (challenge), als Bedrohung (threat) oder als Schädigung/
Verlust (harm/loss).

Secondary Appraisal (Sekundäre Bewertung)

In der Sekundärbewertung wird überprüft, ob die Situation
mit den verfügbaren Ressourcen bewältigt werden kann. Nur
wenn die Ressourcen nicht ausreichend sind, wird eine Stress-
reaktion ausgelöst. Es wird eine Bewältigungsstrategie entwor-
fen, die abhängig von der Situation und von der Persönlichkeit
und kognitiven Strukturen der Person ist. Dieser Umgang mit
einer Bedrohung wird Coping genannt. Mögliche Verhaltensweisen sind z. B. Angriff oder Flucht, Verhaltensalternativen,
Änderung der Bedingung oder Verleugnung der Situation.
Über Erfolgs- oder Misserfolgsrückmeldungen lernt die Person mit der Zeit Bewältigungsstrategien selektiv einzusetzen.

Reappraisal (Neubewertung)

Um diesen Teil des Lazarusschen Modells zu verstehen, ist ein
Vorverständnis der beiden Bewertungsschritte notwendig, die
Lazarus zwischenschaltet. Außerdem ist die Neubewertung
verquickt mit dem darauf folgenden Coping.
    Die sekundäre Bewertung ist notwendig, um eine entspre-
chende Reaktion auf eine Stressbelastung zu finden. Dieser

Prozess ist dynamisch, weil er wiederum von dem nächsten Element in Lazarus' Modell beeinflusst wird: dem Coping, d.h. der eigentlichen Bewältigung einer Stresssituation. Ganz eng verwandt sind in der primären Bewertung die beiden Optionen »Herausforderung« und »Bedrohung«. Deren Verhältnis ist wechselseitig, da beide sich in das andere verwandeln können. Hier stellt das Vorhandensein bzw. die Abwesenheit von Copingstrategien Weichen. Kann einem Stresspatienten aufgezeigt werden, wie er mit einer Bedrohung umgeht, kann diese auch zur Herausforderung werden. Genauso kann eine Herausforderung zur Bedrohung werden, wenn keine angemessene Bewältigung durchführbar ist. Diese Möglichkeit der Veränderung der Erstbewertung bezeichnet Lazarus als »Reappraisal« (deutsch Neubewertung).

Drei Arten des Copings (Stressbewältigung)

Lazarus unterscheidet drei Arten der Stressbewältigung: das problemorientierte, das emotionsregulierende und das bewertungsorientierte Coping.

Problemorientiertes Coping

Darunter versteht man, dass das Individuum versucht, durch Informationssuche, direkte Handlungen oder auch durch Unterlassen von Handlungen Problemsituationen zu überwinden oder sich den Gegebenheiten anzupassen. Diese Bewältigungsstrategie bezieht sich auf die Ebene der Situation bzw. des Reizes.

Emotionsorientiertes Coping

Das emotionsorientiertes Coping wird auch »intrapsychisches Coping« genannt. Hierbei wird in erster Linie versucht, die durch die Situation entstandene emotionale Erregung abzubauen, ohne sich mit der Ursache auseinandersetzen zu müssen.

Bewertungsorientiertes Coping

An dieser Stelle wird die Komplexität des Modells von Lazarus deutlich. Er verwendet den Begriff reappraisal (Neubewertung) in zwei Zusammenhängen. Zum einen bezüglich des Bewertungsprozesses, wie oben erwähnt. Andererseits ist die Neubewertung einer Stresssituation gleichzeitig eine Copingstrategie, wie an folgendem Zitat deutlich wird: »I also used the term cognitive coping to express this idea that coping can influence stress and emotion merely by a reappraisal of the person-environment relationship« (Lazarus, Stress and Emotion 1999, 77) Die betroffene, »gestresste« Person soll ihr Verhältnis zur Umwelt kognitiv neu bewerten, um so adäquat damit umzugehen. Liest man das oben zitierte Buch von Lazarus, kann man sagen, dass das Hauptziel beim Bewertungsorientierten Coping darin liegt, eine Belastung eher als Herausforderung zu sehen, weil so ein Lebensumstand positiv belegt wird und dadurch Ressourcen frei werden, um angemessen zu reagieren. Dennoch kann dies nur gelingen, wenn konkrete Problemlösungsansätze gefunden werden (siehe Problemorientiertes Coping). Es müssen also verschiedene Bewältigungstrategien kombiniert werden.«

Diese Erkenntnisse sind mühelos und deren Verständnis fördernd auf die Situation Arbeitslosigkeit anwendbar. Es macht einen erheblichen Unterschied, ob diese Situation etwa als existenzbedrohend oder vorübergehend angenehme Unterbrechung alltäglichen Einerleis erlebt wird. Und ob auf aktive Umtriebigkeit mit vielen Bewerbungen gesetzt oder lediglich mit inneren defensiven Selbstrechtfertigungen oder Anklagen an andere reagiert wird, bestimmt wesentlich die innere Befindlichkeit und die emotionale Erlebensqualität der Bertoffenen. Verfestigen sich diese Einschätzungsmuster, so prägen sie dauerhaft die psychische Verfassung. Wesentliche Aufgabe von Beratung und Seelsorge muss hier sein, in die kognitiven und emotionalen Verfestigungen wieder Bewegung und Irritation zu bringen.

Traumabewältigung

Es mag zunächst verwegen erscheinen, das Thema Arbeitslosigkeit mit dem Thema »Trauma« in Verbindung zu bringen. Es soll hier weder eine Verharmlosung, noch eine Dramatisierung vollzogen werden, aber doch auf Gemeinsamkeiten von (unerwarteter oder dauerhafter) Arbeitslosigkeit und posttraumatischen Belastungsstörungen (PTSB) auf anderem Hintergrund hingewiesen werden. Zu den Definitionskriterien der PTSB gehören durchaus Merkmale, die sich auch auf die Situation der Arbeitslosigkeit beziehen lassen. Es ist eben auch eine Situation, die andauert, für die Betroffenen unangenehm ist, eine erhebliche Beeinträchtigung der Lebensqualität bedeutet, mit Gefühlen von Schuld, Ärger, Scham und Trauer einher geht, das Selbstvertrauen und das Vertrauen in die Welt untergräbt und vor allem durch das zentrale Erleben der eigenen Hilflosigkeit geprägt ist. Gerade für Menschen, die innerlich unvorbereitet von einer Kündigung getroffen werden, sind Merkmale und Folgen einer Traumatisierung gegeben. In der Symptomatik stehen Vermeidung und Verleugnung häufig vorne an. Arbeitslosigkeit mag kein drastisches traumatisches Ereignis sein wie ein Unfall oder eine andere Lebensgefährdung, aber sie aktiviert ähnliche Selbsterschütterungen und Abwehrmechanismen. Auch eine andauernde Übererregung, die sich zum Beispiel in Schlaf- oder Konzentrationsstörungen bemerkbar machen kann, wie auch eine gewisse emotionale Taubheit oder eine dissoziierende Wahrnehmung werden von den Betroffenen oft geschildert. Vor allem der Umgang mit der Bewertung der eigenen Person (das Selbstbild) zeigt gelegentlich Ähnlichkeiten: So mag es zu Spaltungs- oder Verdopplungserleben kommen (»die kennen mich nicht wirklich, sonst hätten sie mir nicht gekündigt«, »ich mache einfach weiter, als wäre nichts gewesen«, »das bin ich nicht wirklich, der hier sitzt und nicht weiß, wie es weiter geht«), die auch in der Beratung häufig zum Thema werden. Die Trennung von beobachtendem und erlebendem, handelndem Selbst wird unter den Bedingungen der Krise deutlicher – mit manchmal starkem Erleben von Fremdheit sich selbst gegenüber.

Auch in der Beratung Arbeitsloser haben manche Ansätze aus der Traumatherapie ihre Berechtigung; hingewiesen sei nur auf die Stabilisierung unter Berücksichtigung der verbliebenen Sicherheiten (auch ganz real der inneren und äußeren »sicheren Orte«), die Bearbeitung kognitiver Einordnungs-, Bewertungs- und Selbsterregungsmuster oder die Hinterfragung persönlicher Deutungs- und Interpretationsmuster. Steht eine Traumaarbeit im Sinne einer Rekapitulation der Traumatisierung hier nicht zur Debatte, so sind aber ausreichende Trauerarbeit und Reintegration des Geschehenen ins eigene Selbstbild und -verständnis durchaus relevante therapeutische Elemente für die häufig chronische persönliche Belastung.

Lösungsorientiertes Denken

In der Tradition des Ansatzes von Steve de Shazer kann auch in der Psychologischen Beratung Arbeitsloser lösungsorientiert gearbeitet werden. Es ist hier leider nicht die »große Lösung« in Form der Wiederbeschaffung eines Arbeitsplatzes gemeint, sondern es geht um individuell zu suchende Lösungen der Person für ihre eingetretene Lebenslage. Was am Ende dabei herauskommt, etwa ein neues Projekt im Leben oder die Entdeckung anderweitiger Aufgaben und Lebenswerte, ist weniger der Punkt als das beraterische Denken, das dem Betroffenen neue Blicke auf seine Situation erlaubt. Statt der Frage »Was geht nicht (mehr)?« wird in kleinen Schritten an der Antwort auf die Frage »Was geht noch (weiter, stattdessen)?« gearbeitet. Das Erkennen des Unterschieds zwischen der für die Person »passenderen« oder »besseren« Option in Verhalten, Denken und Emotion und der »schlechteren« Option steht hier im Mittelpunkt. »Ist es besser für Sie, in der Zeit der Arbeitslosigkeit eine ehrenamtliche Tätigkeit auszuüben oder verstärkt dies noch ihre Enttäuschung?« könnte eine Frage nach dem Unterschied sein oder aber auch:

»Ist es besser oder schlechter für Sie, morgens nicht mehr so früh aufstehen zu müssen?« Es geht darum, das »Passende« zu verstärken und das »nicht Passende« zu reduzieren. Die Betonung des beratenden Dialogs bezieht sich auf Möglichkeiten und Ressourcen, nicht auf Probleme und Hindernisse. Dies ist eine für Ratsuchende oft überraschende »Gesprächskultur«. Es geht um Chancen, um schon Vorhandenes, (auch kurzfristig) Machbares, Konkretes. Die Lösungen können hochindividuell sein und auch offiziellen Wertvorstellungen widersprechen (»Leben statt bewerben« oder »erst leben, dann bewerben, weil die Bewerbungen dann besser sind«). Kleine Veränderungen, die die Gesamtsituation verbessern, sind gefragt. Der Ansatz geht dabei immer von der Prämisse aus, dass die Klienten die besten Experten für ihre persönliche Lage sind und versucht, dieses Wissen ohne andere Vorgaben konsequent zu nutzen.

Hypnotherapeutische Utilisation

Das Verständnis der Nutzung des beim Klienten (mit oder ohne Trance) »spontan sich äußernden Innenlebens« ist hilfreich. Auch ohne hypnotische Suggestionen, die eher befremdend sein mögen und für die auch spezielle Ausbildung notwendig sein kann, können Bilder, Metaphern, Sprachgestus, Analogien, Wortspiele und spontane Einfälle des Klienten genutzt (»utilisiert«) werden. Mit dem vergleichbar zugänglichen Konzept der »geleiteten Phantasie« können weniger bewusste Ressourcen der Betroffenen aktualisiert werden. Vielversprechend könnte es sein, z.B. mit dem Klienten nach dem Verlust des Arbeitsplatzes über seinen sonstigen oder zukünftigen »Platz« im Leben zu arbeiten. Coordes (2006) hat die zentrale Bedeutung gerade dieses Konzepts in der inneren Welt Arbeitsloser herausgearbeitet. Sich wieder einen Platz zu nehmen oder einen neuen Platz zu finden und dessen Qualitäten zu erspüren, ist für von Arbeitsplatzverlust Betroffene elementar. Es geht darum, »seinen« ganz eigenen persönlichen »Platz« zu finden. Nur dann kann etwas wie innere Ruhe einkehren.

Therapie narzisstischer Kränkungen

Der Verlust der Arbeit kann einen Menschen tief kränken und sein Selbstwertgefühl untergraben. Es kommt dann für die Bewältigung dieser Krise darauf an, wie dieser Mensch in sich »gegründet« ist, ob sein Selbstwertgefühl aus einer intakten inneren Beziehung zu seinem Kern heraus entsteht, oder ob es eher mit äußeren Attributen, sozialer Anerkennung und gesellschaftlichem Status verbunden ist. Im letzteren Fall kann der Eintritt der Arbeitslosigkeit ein positives Selbstbild destabilisieren und das Erscheinungsbild der narzisstischen Kränkung beim Betroffenen hervorrufen. Dies kann mit intensiven psychischen Krisensymptomen korrelieren (Depression, Angst, Sucht). Frühe biografische Entbehrungen und Verlusterlebnisse sind tangiert.

Zentrales beraterisch-therapeutisches Medium ist hier die Akzeptanz der vor uns sitzenden Person mit wirklich allen ihren Gefühlen und Impulsen, auch den scheinbar destruktiven, die von der Person selbst abgelehnt werden. Es ist dann entscheidend, die Sicherheit zu geben, dass diese (therapeutische, beratende, seelsorgerische) Beziehung davon nicht bedroht ist. Sich mit allem zeigen zu dürfen und dabei aufgehoben zu bleiben ist die entscheidende Unterstützung dabei, die innere Spaltung in »gute angepasste« und »böse zu unterdrückende« Anteile zu überwinden und seelisch und sozial mit dem Leben verbunden zu bleiben.

Hypnotherapeutisch – systemischer Ansatz

Gunther Schmidt (2004) gibt eine »Bastelanleitung« für die Konstruktion eines Problems, das mühelos auf die Folgen eingetretener Arbeitslosigkeit übersetzt werden kann:

»Ein Problem entsteht durch die Konstruktion einer Ist-Soll-Diskrepanz. Dabei stößt man bei Versuchen, das unerwünschte ›Ist‹ in das gewünschte ›Soll‹ zu verwandeln, auf Blockaden zwischen Ist und Soll. Und dies wird verbunden mit Lösungsversuchen (Maßnahmen, Schritten, mit denen man das Problem lösen will), die nicht zum gewünschten Ziel führen.«

Das beschriebene Muster existiert im Hintergrund vielfältigen psychischen Leidens. Es kann auf verschiedenen Ebenen »gelockert« werden. Das »Ist« kann aufgewertet, das »Soll« hinterfragt werden. Das »andere« gewünschte Verhalten kann erprobt werden; man könnte »so tun, als ob« es einmal keine Blockaden (»Komplexität herausnehmen«) gäbe (»Ausnahmen zulassen«) oder man könnte Übergangswege von Ist nach Soll erforschen.

Am aufschlussreichsten für unser Feld sind Schmidts Überlegungen zur Depressionsentstehung, -aufrechterhaltung und -auflösung. So gebe es eine selbstinduzierte Depressionstrance (die sich aus »ganz normalen Alltagstrancen« entwickeln kann), die sich an der subjektiven Sicht der Realität aufbaut und fortwährend »ernährt«. Erleben von Ohnmacht und Hilflosigkeit, das Einnehmen einer Opferrolle prägen diese Sicht. Aspekte dieser selbsthypnotischen Aktivität beschreibt der Autor als

- auf Enttäuschung und Schmerz eingeengten Wahrnehmungsfokus
- generalisierte negative Zukunftsszenarien
- Bedeutungsreduzierung positiver Erfahrungen
- Einschränkung der Interaktion und Beziehungsaktivität
- Innenfokussierung statt Außenorientierung
- Selbstablehnung und Selbstabwertung
- Fehlende Wirksamkeitserwartung bzgl. der eigenen Person

Aber, um die Sache nicht zu vereinfachen, resultiert Depressivität für Schmidt aus dem Ringen einer lebensbejahenden, sehnsüchtigen Seite im Menschen mit der »düsteren Seite«, die letztendlich immer wieder stärker ist. Dieses ungelöste Spannungsfeld ist der depressive Nährboden. In der Therapie geht es dann zunächst darum, die positive Seite zu stärken.

Die therapeutischen strategischen Vorschläge Schmidts für die Depressivität lassen sich sehr gut in die Beratung Arbeitsloser integrieren, denn die beschriebene »depressive

Selbsthypnose« findet sich bei vielen Betroffenen. Zentral ist das »Umfokussierung« oder »Unterschiede entdecken« beinhaltende Vorgehen. Dazu gehört die Konzentration auf Gelingendes, auf Hoffnungsvolles, Perspektivenreiches und Interaktives im Leben der Betroffenen. Das konsequente »Dranbleiben« des Beraters/Therapeuten an dieser Strategie (er kann so im Gespräch eine »Lösungstrance« installieren) kann destruktive Muster unterbrechen und alternative Muster »einspuren«. Hier ist auch »eine Parteinahme der Therapeuten für eine lebensorientierte Seite der Patienten« gefragt. Alles, was der Betroffene tut, denkt, empfindet und kommuniziert, kann »utilisiert« werden, d.h. auf seinen Informationswert und auf seine Substanz, zu einer Verbesserung beizutragen, hin befragt werden. Auch extrem selbstkritisch-depressive »Anteile« tragen, wenn sie nicht als das Ganze betrachtet werden (und diese Sichtweise dem Betroffenen auch nahegebracht werden kann), zum Perspektivenaufbau bei, indem sie etwas über wesentliche Bedürfnisse mitteilen. Schmidt versteht depressive Tendenzen als stagnierende Blockade zwischen Sehnsüchten und Anpassungsforderungen, die die Person erschöpfen und nicht aus der Ambivalenz heraus zu gleichberechtigten und zu vereinbarenden Strebungen hin integriert werden können. Indem beide Seiten erlaubt, besetzt, in Interaktion gebracht und von der Person als selbstgesteuert erlebt werden können, werden Verbesserungen des seelischen Gesamtzustandes erlebbar.

Narrativer Ansatz

Um die Tatsache der eingetretenen Arbeitslosigkeit, die Vorgeschichte, die Gründe und die Einbettung in die eigene Biografie, vielleicht auch sogar um die persönliche Zukunft rankt sich eine »Geschichte«, die von den Betroffenen selbst konstruiert wird und die sie sich und anderen erzählen, wenn sie dazu motiviert werden. In der Beratung ist sowohl die Einladung hierzu, die Aufmerksamkeit dafür und die verstehende Kommentierung mit ggf. Umdeutungsangeboten von

Bedeutung. Auf einer gewissen Grundlage von Vertrautheit ist es eine Erleichterung für die Betroffenen, ihre Geschichte vorbringen zu können und jemand zu haben, der sich dafür interessiert und (vor allem) die zur Selbstklärung notwendige Auseinandersetzung in Interaktion anbietet. Denn die Geschichten mögen »festgefahren« und selbst zu einer inneren Belastung geworden sein. Neue Elemente, Fokussierungen oder alternative Sichtweisen beleben die innere Selbstkonfrontation. Sowohl die persönliche Bedeutsamkeit wird bestätigt als auch die Kompetenz zur Bewältigung und Verarbeitung dadurch gestärkt. Ggf. wird insgesamt eine Neuorientierung möglich.

Diese »aktuelle« Erzählung mag für viele Klienten/innen auch der Einstieg in eine Gesamtschau ihres Lebens und seiner Umstände mit aller Selbstbestätigung, aber auch aller Tragik und Enttäuschung sein. Wir als Berater/-innen sollten dafür offen bleiben. Das Angebot, zu erzählen, ist eine alte seelsorgliche Tradition, die Seele zu entlasten. Unsere Fragen zu dieser Erzählung und die selbstgefundenen Antworten der Betroffenen lösen einen heilsamen Prozess aus. Michael Biro (2007) hat eine interessante Erweiterung aus systemischer Sicht vorgeschlagen. Ein Rollentausch mit Menschen, die im Laufe des Lebens wichtige unterstützende Personen gewesen sind, macht es den Betroffenen leichter, Antworten auf sie bedrängende Fragen zu geben. Sie stärken sich dabei innerlich durch die von ihnen mit dieser Person wieder erlebten Verbundenheit.

Beschreibungen und Erzählungen zur Arbeitslosigkeit aus der Literatur finden sich etwa bei den Autoren/innen Tine Wittler, Rolf Dobelli, Kathrin Röggla, Hans Fallada, Joachim Zelter und Urs Widmer. Diese »Geschichten anderer« können in die Beratung einbezogen werden. Leider ist Arbeitslosigkeit kein großes Thema in der Literatur, so dass die Auswahl hier begrenzt bleibt (auch Künstler mögen verdrängen!).

Kausalattributionen (Ursachenzuschreibungen) und »erlernte Hilflosigkeit«

Hinausgehend über das sogenannte Stimmungsmanagement (»Ein sicheres Rezept zum sich schlecht fühlen« bestehend aus Filtern, polarisiertem Denken, übertriebenen Verallgemeinerungen, Gedankenlesen, Katastrophisieren, Aufbauschen und Persönlichnehmen) (M. McKay et al. In Psychologie heute 8/2009, 20ff) sind dauerhafte kognitive Muster hilfreich oder destruktiv bei der Bewältigung der Arbeitslosigkeitskrise. Zu nennen sind hier vor allem defensive Kausalattributionsmuster im Extrem nach dem Motto »wenn etwas gut läuft, liegt es an den zufälligen Umständen (variable unkontrollierbare externale Zuschreibung), wenn etwas schlecht läuft, liegt es – immer – an mir« (stabile unbestimmt kontrollierbare internale Zuschreibung), selbstblockierenden Motivationsmustern (»Furcht vor Misserfolg statt Hoffnung auf Erfolg«) und an inneren und sozialen Vergleichsprozessen, in denen der Betroffene beständig vor sich selbst schlecht abschneidet. Hier muss im Beratungsprozess kontinuierlich und konsequent Musterunterbrechung und Bewusstmachung betrieben werden.

Ein Spezialfall extremer externer Kausalattribuierung ist die »erlernte Hilflosigkeit« (nach Seligman), wenn ein Mensch aufgrund ohnmächtiger Lernerfahrungen dauerhaft keinerlei Kontrollmöglichkeiten über sich und sein Leben mehr wahrnimmt. Erst konkrete Erfahrungen von wieder erlangter Kontrolle können dieses Muster kompensieren.

Neuentscheidungsansätze (nach Goulding)

Interessant an diesem Ansatz, der eine Strukturanalyse des Bewusstseins aus der Transaktionsanalyse bezieht (Eltern-, Kinder- und Erwachsenen-Ich) sind die Konzepte der inneren Verträge unter Betonung der Selbstverantwortlichkeit, der sogenannten »Einschärfungen« (meist elterliche Grundbotschaften wie »Du bist nicht wichtig« oder »Du schaffst es eh nicht«) und darauf als Reaktion bezogene »Antreiber« (»Sei perfekt« oder »Mach es mir recht«), denen in der Beratung/ Therapie erarbeitete »Erlaubnisse« gegenübergestellt werden können. So wird insgesamt durch eine Reihe von »Neuent-scheidungen« allmählich eine veränderte Haltung zur eigenen Person möglich. Bezüglich der Bewältigung der Arbeitslosig-keit sind damit häufig auftretende kognitive Muster benannt, die durch die Ereignisse »wieder belebt« werden.

Arbeit am Selbstwertgefühl, der Selbstzuwendung, Selbstakzeptanz und dem Selbstvertrauen (Potreck-Rose et.al. 2003)

Sowohl das verstärkte auf sich selbst gestellt Sein, das die Arbeitslosigkeit mit sich bringt, als auch die Erfordernis, mit sich selbst nach »außen« gehen zu müssen und sich besser »verkaufen« zu können, aktualisieren das Thema der Selbst-fürsorge und des wohlwollenden Umgangs mit sich selbst unter schwierigen Lebensbedingungen. Hierfür gibt es ein reichhaltiges Arsenal an psychotherapeutischen Hilfestel-lungen, die mit den Betroffenen einüben, sich selbst wahr-zunehmen, sich ernst zu nehmen und mit sich selbst besser umzugehen.

Exkurs
Überblick zu den Psychologischen Ansätzen zum Verständnis des Erlebens der Arbeitslosigkeit – Aspekt Belastung

- Erlernte Hilflosigkeit (Seligman) – Ich kann nichts tun, nichts ändern!
- Stress und Coping (R.S. Lazarus) – Was könnte man/frau nur tun?
- Kausalattributionstheorie – Wer hat was getan/bewirkt?
- Selbstbild, -wahrnehmung und Selbstwert – Was ist mit mir los?

- Systemische Familientherapie – Alle tun mit und sind betroffen.
- Konzept der »Lebenslüge« (V. Chu) – Ich mache mir was vor!
- Depressionsentwicklung (C. Morgenroth) – Es wird immer nur schlimmer!
- Trauer und Verlust, Kränkung, Enttäuschung- Ich habe alles verloren!
- (Selbst-) und Fremdausgrenzung – Keiner mag/sieht/versteht mich!
- Angstabwehrstrategien der nicht Betroffenen – Passiert mir doch nicht!
- Scham und Schuldzuschreibungen – Kann mich nicht mehr sehen lassen!
- (Opfer-) Rolle und Identifikation (Selbstbild – Fremdbild) – Wer/Was bin ich denn noch?
- Aggression, Passivität, Sündenböcke und Regression – Alle gegen einen, ich räche mich und mache nichts mehr!
- Hoffnungsverständnis – Wird es jemals wieder besser werden in der Zukunft?
- Resignation, Anpassung, Lebensskript – Ich bin Hartz IV !

Psychologische Ansätze zum Verständnis des Erlebens der Arbeitslosigkeit – Aspekt Entlastung

- Erlernte Hilflosigkeit (Seligman) – Ich kann etwas tun, manches ändern!
- Stress und Coping (R.S. Lazarus) – Es gibt viele Arten, damit umzugehen.
- Kausalattributionstheorie – Ich bin nicht allein für alles verantwortlich.
- Selbstbild, -wahrnehmung und Selbstwert – Ich achte besser auf mich.
- Systemische Familientherapie – Alle können etwas tun und beitragen.
- Konzept der »Lebenslüge« (V. Chu) – Ich mache mir weniger etwas vor!

- Depressionsentwicklung (C. Morgenroth) – Es ist gelegentlich auch gut.
- Trauer und Verlust, Kränkung, Enttäuschung – Ich habe etwas verloren, aber nicht alles!
- (Selbst-) und Fremdausgrenzung – Einer mag/sieht/versteht mich!
- Angstabwehrstrategien der nicht Betroffenen – Kann jedem passieren!
- Scham und Schuldzuschreibungen – Ich muss mich nicht verstecken!
- (Opfer-)Rolle und Identifikation (Selbstbild – Fremdbild) – Ich bin mehr als das.
- Aggression, Passivität und Regression – Wut wird Tun – und ich tue es für mich!
- Hoffnungsverständnis – Ich kann etwas dafür tun, damit es wieder besser wird in der Zukunft!
- Resignation, Anpassung, Lebensskript – Ich will eine andere Zukunft als Hartz IV!

7. Wirksame Ziele in der Beratung Arbeitsloser und wie man Ihnen nachgeht

Es werden einige mögliche Zielsetzungen für den Prozess der Beratung benannt. Ich habe versucht, diese zusätzlich als ein verallgemeinernd zusammenfassendes Klientenstatement auszuformulieren, das am Ende der erfolgreichen Beratung stehen könnte. Einige zielführende Beraterhaltungen werden benannt und das Ganze anhand kurzer kommentierter Interaktionssequenzen illustriert. Die Gesprächssequenzen sind sinngemäß eigenen Beratungsgesprächen innerhalb der »Psychosozialen Betreuung« entnommen; sie wollen Anregungen geben für eine konstruktive Gesprächsführung, sind aber in keiner Weise repräsentativ oder gar mit Modellcharakter versehen, sondern geben Stil und Grenzen des Verfassers in dieser Arbeit wider.

7.1 Sich selbst und die Umwelt neu sehen, erklären und behandeln; Akzeptanz und Realisation der eigenen Situation; Abbau von Selbsttäuschung und Lebenslüge

Abstrahierte Klientenformulierung:

Ich sehe die Situation klar, ohne mir etwas vorzumachen: sowohl der Arbeitsmarkt/die Firma als auch meine spezifischen persönlichen Bedingungen können zum Eintritt der Arbeitslosigkeit beigetragen haben. Die Situation ist ungewohnt, neu und schwierig für mich, aber nicht aussichtslos; mit der Zeit werde ich mir einige Optionen entwickeln können. Auch meine Familie und meine sonstige soziale Umwelt sind betroffen und müssen sich an diesen Umstand gewöhnen und anpassen. Ich werde in meiner Umwelt manchmal mit Unverständnis, Unvernunft, Vorurteilen und ungerechten Äußerungen konfrontiert werden; manche Menschen werden den Kontakt meiden. Ich muss selbst für sinnvolle Tageseinteilung und genügend Kontakte sorgen, ebenso für die Verbesserung meiner Chancen auf einen Arbeitsplatz und jede sonstige Unterstützung. Meinen Bedarf an Unterstützung von außen kann ich mir eingestehen und ihn an guten Tagen auch äußern, auch wenn es immer wieder schwer fällt. Es hat keinen Zweck zu glauben, dass das Leben ab jetzt keine Enttäuschungen oder Verletzungen mehr bereithält – wahrscheinlich muss ich mich sogar darauf einstellen, dass davon viel auf mich zukommt. Ich werde das aber aushalten können und daran nicht zerbrechen. Weder bin ich ein müheloser Überflieger noch ein totaler Versager. Eine Durststrecke liegt vor mir und ich muss meine Kräfte und Reserven gut einteilen. Damit mein Leben nicht nur aus Frust besteht, muss ich mir etwas einfallen lassen.

Beraterische Interaktionsstrategie:

Berater: Ressourcen betonen; »Pacing« der Befindlichkeit und kognitiven »Wege«; Beschönigungen und Selbsttäuschungen ansprechen und hinterfragen; Abhängigkeiten des Klienten benennen; mögliche Reaktionen anderer mit im Blick haben; Selbstbewertungen ansprechen und kommentieren.

Beispielhafte Kurzsequenzen: B Berater/in, wechselnde K Klient/in in den verschiedenen Gesprächssituationen

B: Es regt Sie auf, wie wenig man bei dieser Maßnahme auf Ihre persönlichen Umstände eingeht.

    K: Ja, ich soll am PC arbeiten trotz Kopfschmerzen und in der Stadt Erkundigungen einholen, die ich längst weiß.

    B: Da werden Sie unterschätzt und überfordert zugleich.

K: Ich weiß, was ich kann und wo ich Probleme habe. Und ich weiß genau, welchen Job ich machen will und welchen ich nicht mehr machen kann. Aber ich muss wohl damit leben, dass mir da immer wieder jemand was erzählen will.

B: Ja, immer wieder neue Beurteiler, die Sie ja wenig kennen und beurteilen können, die fangen wieder von vorn an.

K (lacht): Ja ich bin eigentlich der Experte für mein »Kompetenzprofil«, die sollten mich mal mich vermitteln lassen…

B: Ja, Sie wüssten, was gut ist für Sie und doch müssen Sie hinnehmen, dass Sie von anderen irgendwo hingeschickt werden.

K: Na ja, ich bin da manchmal sauer, aber die tun ja auch nur die Arbeit, die man ihnen angehängt hat, aber ehrlich, die können mich mal …

Der Klient ist in einer abhängigen Position: er muss gemäss einer Leistungsvereinbarung an einer Maßnahme teilnehmen, die er eigentlich für sich nicht als sinnvoll erachtet. Er kann aber damit umgehen, ohne sein Selbstwertgefühl oder seine Selbstachtung als beeinträchtigt zu erleben, auch wenn ihn gelegentlich starke emotionale »Aufwallungen« überkommen und er sich ungerecht behandelt fühlt.

K: Die haben mich schon nach drei Monaten wieder vor die Tür gesetzt, weil sie keine Arbeit mehr hatten – so ne Zeitarbeitsfirma.

B: Das hatte mit Ihnen persönlich nichts zu tun.

K: Mir war da auch die Lust vergangen, das hat man bestimmt auch gemerkt, aber war doch blöd, den Job wieder los zu sein.

B: Auf Dauer wollten Sie was anderes, aber der Spatz in der Hand…

K: Mir ist erst danach klar geworden, dass es doch besser ist, überhaupt was zu haben, aber ich könnte jetzt auch klarer sagen, was ich nicht will … meine Frau sagt auch: komm, such weiter, da kommt wieder was Besseres…

B: Gut, dass sie da nicht sauer ist …

K: Nee, nee, das versteht sie schon, die will auch nicht, dass ich mich kaputt mache.

Interne und externe Ursachenzuschreibungen werden gesehen und nicht verleugnet. Das mitbetroffene Familiensystem ist im Blick.

K: Mich deprimiert es schon, dass dabei wieder nichts heraus gekommen ist. Allmählich vergeht mir wirklich die Lust, das immer wieder zu machen.

B: Sehen Sie denn andere Möglichkeiten für sich?

K: Ja auch mal eine Pause einlegen damit. Mal ans Meer fahren und am Wasser spazieren, damit der Kopf wieder frei wird.

B: Und in der Zeit Bewerbungen Bewerbungen und Chancen Chancen sein lassen?

K: Ok, das ist der Nachteil, aber ich brauche das, sonst wird's immer schlimmer …

B: Das können ja nur Sie selbst entscheiden, was da dann das richtige ist. Aber das mit dem Meer könnte anscheinend irgendwo auch hilfreich sein.

K: Ich kriege mich dann mehr mit und merke, dass ich mich freue zu leben und das mit dem Job mal weit weg ist. Ist auch so ne Flucht …

B: Eine Mischung von Abhauen und sich für die nächste Runde wieder fit machen.

K: Eigentlich mehr abhauen, aber bis jetzt bin ich ja immer wieder zurückgekommen.

B: Wieso denn das?

K: Na, Sie sind gut. Ich kann doch hier nicht einfach alles hin schmeißen …

Alle Optionen sollen ausgesprochen werden können, auch die unangepassten. Die Autonomie des Klienten soll betont und seine Selbstverantwortlichkeit aus der Interaktion heraus gestärkt werden.

7.2 Perspektiven, Ziele und Zukunftsaussichten entwickeln
(Anliegen formulieren, Lösungen überlegen, durch Aufgabenstellungen weiter verfolgen und erproben)

Klient: »Arbeitslosigkeit ist für mich eine Krise und eine Lebensphase, aber kein Schicksal, das ich einfach so hinnehmen muss. Schließlich ist es mein Leben, das geht auch dann weiter. Ich weiß, was morgen und nächsten Monat ansteht. Meine Lebensplanung wird durch den Jobverlust verändert, aber nicht umgeschmissen. Ich versuche, etwas Anderes mit meiner Energie und meinen Fähigkeiten anzufangen. Entweder etwas, was bisher zu kurz kam oder etwas Neues. Wenn mir nicht gleich ein Weg entgegen kommt, lasse ich mir und ihm etwas Zeit. Ich überlege, wo ich vielleicht in drei oder fünf Jahren stehen will. Was wird denn dann wichtig(er) für mich? Ich versuche – auch mit Hilfe anderer Menschen, die mir nahe stehen und sagen können, wo ich gebraucht werde –, auch ohne Job gut zu leben. Wenn dann einer dazwischen kommt, umso besser.«

Berater: Lebensqualität und -abläufe auch als Thema in der Beratung – keine ausschließliche Fokussierung auf Jobsuche und -chancen. Ganzheitliches Menschenbild sich innerlich immer wieder klarmachen. Alltag und nähere wie fernere Zukunftsvorstellungen schildern lassen und befragen. Die Suggestion kann sein: (Erwerbs-)Arbeit ist vielleicht eine zentrale, aber nicht die einzige Ebene der Selbstbestätigung und -verwirklichung.

K: Es geht einfach nicht mehr weiter, mein Leben hat angehalten und jetzt passiert gar nichts mehr.
   B: Wie ist das denn so, wenn gar nichts mehr passiert oder weiter geht?
   K: Man ist gar nicht richtig wach und nachts kann man nicht schlafen. Wie so eine Wüste liegt die Zeit vor einem.

B: Da gibt es doch Oasen oder sehen Sie da nichts in der Art?

K: Ja schon, aber nichts was mit Arbeit zu tun hätte. Ich muss die ganze Zeit denken: du musst wieder einen Job finden.

B: Eine Wüste ohne Oasen oder nur mit einer Arbeitsoase …

K: Die anderen Sachen sind ja nur so Ersatz: mit den Kindern, der Haushalt, der Garten, Zeitung, Fernsehen, Computer …

B: eine ganze Menge Ersatz!

K: Stimmt, aber bei allem denke ich, das ist eigentlich nicht das, was du wirklich tun solltest.

B: Das scheint eine starke Stimme in Ihnen zu sein, die alles außer Arbeit nur für Ersatz hält.

K: Na so ist es doch aber …

B: Wo haben sie das gehört? Es gibt doch viele Menschen, die finden andere Sachen wichtiger im Leben als die Arbeit. Außerdem könnte der »Ersatz« ja auch helfen rauszufinden, was Ihnen arbeitsmäßig passen würde …

K: Na, so bin ich aber nicht erzogen worden.

B: Was von dem Ersatz könnte denn am ehesten als »Arbeit« vor Ihrem strengen Auge durchgehen. Können wir das mal sortieren?

Eine andere Situation:

K: Da kommen einfach keine Angebote mehr vom Jobcenter und meine Bewerbungen bringen auch nichts.

B: Im Moment sieht es nicht so aus, als würde ein neuer Job die Lage verändern. Eher geht es jetzt darum, mit dieser Situation erst mal klar zu kommen.

K: Ich kann mir auch gar nicht mehr so richtig vorstellen zu arbeiten.

B: Wie kommt das?

K: Eigentlich habe ich die ganze Zeit zu tun, morgens die Kinder, dann den Haushalt, dann besuche ich jeden Tag meine pflegebedürftige Mutter im Altenheim. Dann die ganzen Einkäufe, die Kocherei, das aufräumen, eigentlich bin ich abends fertiger, als damals, als ich noch gearbeitet habe.

B: Sie haben da eigentlich gar keine Zeit mehr für einen Job …

K: Na ja, das kann ich ja nicht laut sagen …

B: Ist doch aber so …

K: Und wenn das mit dem Geld nicht dauernd Stress machen würde, würde ich es auch lieber so lassen.

B: Angenommen, Ihnen würde ohne Job gar nicht wirklich etwas fehlen, gäbe es diese Möglichkeit denn, da irgendwie in der Familie anders mit umzugehen?

K: So stundenweise ein paar Euro zusätzlich würde mir erst mal reichen, dann könnte ich gucken, was ich auf Dauer eigentlich will …

B: Was Sie wirklich locken könnte, Arbeiten wieder als lohnenswerte Alternative zum jetzigen Leben zu sehen … vielleicht können wir da einfach mal ein paar Zukunftsszenarien bewegen, auch wenn Sie im Moment eigentlich genug um die Ohren haben.

Ein anderes Beispiel:

K: Ich interessiere mich eigentlich mehr für Geschichte und Archäologie, das war schon immer so, den technischen Beruf habe ich nur gemacht, weil ich das eben gelernt hatte.

B: Jetzt, wo Sie arbeitslos sind, wird Ihnen das wieder deutlich, dass Sie noch ganz andere Interessen haben.

K: Na ja, so brotlose Künste, das haben ja alle immer gesagt, wenn ich davon angefangen habe.

B: Ihre Interessen sollten Ihnen auch noch was einbringen. Sie müssen schließlich von was leben und auch noch Ihre Familie ernähren. Da sind Sie im Zweifel, ob Ihre Träume dazu passen …

K: Wenn einem das das ganze Leben erzählt wird…

B: Aber Sie sind dennoch nicht ganz überzeugt und jetzt ist eine Gelegenheit, es noch einmal zu prüfen.

K: Vielleicht mal ein Praktikum bei so einem Museum, an

so was habe ich bisher gar nicht gedacht, wann hätte ich es denn machen sollen.

B: Ja, das war weit weg, passte gar nicht zu Ihrem Leben, wie es eingerichtet war und jetzt ist es auf einmal wieder da.

K: Ja, ich träum mich bei diesen historischen Dokumentationen doch immer weit weg in ein ganz anderes Leben.

B: Da gibt es noch keine Verbindung zur Wirklichkeit, aber der Gedanke daran ist wieder da, stärker als vorher.

K: Das geht ja fast allen so, dass sie nicht machen können, was Sie wollen. Wieso sollte es mir besser gehen?

B: Das weiß ich auch nicht, außer dass Sie vielleicht wollen, dass es Ihnen besser geht – auch wenn dafür noch keine Lösung in Sicht ist.

K: Ja das ist schon gut zu spüren, dass da noch was ganz anderes in mir ist, was ich mir vorstellen könnte.

B: Es irgendwie auf der inneren Tagesordnung zu lassen, so ein ganz anderes Pflänzchen, fühlt sich ganz gut an.

K: Ja, ab und zu so ein bisschen rumspinnen tut ganz gut.

B: Das Spinnen könnte ein Anfang davon sein, über ernsthafte Wege nachzudenken, wie Ihr Traum doch noch näher rücken könnte.

K: Kann ich mir nicht so recht vorstellen, aber von mir aus.

7.3 Mit den eigenen Gefühlen umgehen lernen

Klient: »Ich bleibe Herr/in meiner Gefühle und meiner Art, sie zu äußern oder für mich zu behalten. Ich bin mir ihrer Verschiedenheit und zeitweiligen Widersprüchlichkeit bewusst. Ich bin mir klar, dass ich unter der belastenden Situation leide und das auch zum Ausdruck kommt. Ich versuche dennoch, nicht daran zu verzweifeln, im Austausch mit anderen zu bleiben und Aufbauendes nicht zu ignorieren. Ich verstehe, dass meine körperliche Befindlichkeit mit meinen Gefühlen zusammen hängt und auch, dass meine Gefühle eine persönliche Geschichte haben.«

Berater: Akzeptieren und »Erlaubnis« aller emotionalen Äußerungen, Nachvollziehen des von den Klienten erlebten Kontextes, Würdigung der Strategien, Situationen »in den Griff zu bekommen«.

K: Es ist immer wieder so, dass ich mich vor Angst in mein Schneckenhaus verkrieche. Dann bin ich tagelang zu nichts fähig.

B: Wenn die alten Erfahrungen wieder wirken und Ihnen das Gefühl geben, dass nichts mehr geht und Sie sich am liebsten allem entziehen würden. An Arbeitssuche ist dann eh nicht zu denken.

K: Das ist dann gar kein Thema. Dann will ich gar nichts mehr spüren. Sonst würde ich nur so wütend werden oder die ganze Zeit heulen.

B: Und wenn das so wäre? Wenn Sie sich das erlauben würden.

K: Das konnte ich damals nicht; das war zu gefährlich – ich hätte mich noch mehr in Gefahr gebracht.

B: Da war der Versuch, mit sich ins Schneckenhaus zu gehen, der beste Schutz. Und jedes Gefühl zeigen hätte Sie verraten und alles wäre noch schlimmer geworden.

K: Und deswegen könnte ich auch mit niemand zusammen arbeiten; die würden meine Reaktionen nicht verstehen … oder ich würde dauernd krank werden, dann würden sie mich auch vor die Tür setzen.

B: Die alte Angst hindert Sie auch immer wieder daran, in die Zukunft zu blicken.

K: Ja, eine Beziehung kann ich mir nicht vorstellen – da habe ich zuviel Angst, alles geht wieder von vorn los.

B: Insgesamt ist es im Moment so, dass Sie sich da wenig zutrauen, nicht daran glauben, dass es besser werden könnte.

K: Ja, wenn ich das auch mal so jemand sagen kann, dann ist es meist schon wieder etwas besser.

Eine andere Szene:

K: Wieder mal war das Geld nicht auf dem Konto, als ich es

brauchte. Ich habe drei Tage nichts gegessen und konnte keine Medikamente kaufen (weint).

B: Das ist aber wirklich nicht in Ordnung.

K: Das ist denen doch egal. Die sagen dann, ja die Überweisung kommt und dann kommt sie doch nicht. Manchmal denke ich, dann lass dich doch fallen, das wars dann eben …

B: Sie denken daran, sich das Leben zu nehmen?

K: Ich habe so viele Krankheiten und keine Medikamente mehr. Dann ist es irgendwann vorbei.

B: Nicht sich das Leben nehmen, aber so schlecht für sich sorgen, dass es dann doch gefährdet ist …

K: Das ist denen doch egal.

B: Sich selber so egal werden, wie Sie denken, dass Sie es anderen sind.

K: Nein, das will ich eigentlich nicht, aber die könnten einen wirklich so weit bringen.

B: Es ist schwer zu sehen, dass Sie immer noch verantwortlich für sich selbst sind, auch oder gerade wenn andere sich nicht um Sie kümmern. Dass das damit nicht erledigt ist.

K: Ja, oft ist mir dann alles egal. Da kommt so viel auch wieder hoch von früher. Da war ich den anderen auch egal. Ich musste alles hinkriegen; da war es niemand wichtig, was mit mir ist (weint wieder).

B: Eine Erinnerung, die Sie so traurig macht – das kommt dann plötzlich wieder …

K: Das wird man nie richtig los, und dann geht es immer wieder von vorn los und man fühlt sich so wehrlos.

B: Aber Sie haben den Zusammenhang erkannt.

K: Das hilft nicht immer.

B: Aber es ist ein erster Schritt.

7.4 Sich mit sich selbst Freund werden und bleiben, im Glauben an sich bleiben; eigene Vielfältigkeit, Ambivalenzen und Widersprüchlichkeit akzeptieren
Selbstwert und Selbstvertrauen (wieder) herstellen

Klient: » Wenn die Situation schon so schwierig ist, darf ich nicht auch noch auf mich selbst losgehen. Andere machen es mir auch nicht leicht; da ist es kein Egoismus, wenn ich gut mit mir selbst umgehe. Ich habe auch Verständnis für mich, wenn es mir nicht gut geht und ich mich so verhalte, wie ich es nicht von mir kenne und auch eigentlich nicht will. Ich bin in einer schwierigen Situation und mache mich nicht auch noch selbst fertig, wenn was nicht gelingt. Wo es geht, erlaube ich mir auch, die guten Seiten des Lebens zu genießen, weil ich weiß, dass ich das brauche um insgesamt wieder »aufstehen« zu können. Ich erkenne (an), dass nicht nur Pech und Versagen mein Leben regieren; es hat auch (ausnahmsweise) andere Erlebnisse gegeben.«

Berater: Ermutigung zu geduldigem, freundschaftlichen Umgang mit sich selbst, Erkennen persönlicher Elemente einer immunisierenden »Lebenskunst« (Schmid 2004), Alternativen, Optionen anbieten zu eingefahrenen begrenzten Selbstwahrnehmungen, Ausnahmen positiver Selbstreferenz »markieren«, Achtsamkeit, Selbstwahrnehmung und –förderung unterstützen (Potreck-Rose et al. 2003)

K: Wie die einen von oben herab behandeln, wie den letzten Dreck …

B: Nicht gerade so, wie Sie denken, dass man mit Ihnen umgehen müsste.

K: Na ja, man kann nicht viel erwarten in der Lage. Da muss man froh sein, wenn einer einen überhaupt akzeptiert. Ich fühle mich ja selber auch so.

B: Wie der letzte Dreck?

K: Ja, schon irgendwie. Habe ja nichts mehr zu bieten, muss man sich ja mehr so verstecken, gehe schon ziemlich ungern raus auf die Straße.

B: Sie meinen, so wie es jetzt ist, könnten Sie sich nicht mehr sehen lassen.

K: Die Sachen, die ich an mir mal gut fand, interessieren doch keinen. Beruflich Versager, immer miese Laune, keine Begeisterung, ...

B: Wenn Sie sich mit den Augen der anderen sehen, fallen die guten Sachen raus, als ob nur die schlechte Situation jetzt zählt.

K: Immer schwerer ...

B: Was denn?

K: So, mal was Gutes zu sehen an mir. Gesundheitlich geht es ja auch immer mieser, so ein richtiges Wrack ...

B: Jetzt machen Sie sich auch noch ganz schön runter.

K: Na ja, ist doch so.

B: Sie können da nichts Positives mehr an sich und ihrem Zustand erkennen. Dann geht es einem mit sich selbst auch nicht gut. Da haben die anderen leichtes Spiel.

K: Wie meinen Sie das?

B: Wer soll denn Ihre anderen Seiten kennen und gut für Sie sorgen, wenn nicht Sie selbst?

K: Stimmt, ich erwarte das mehr von den anderen.

B: Die gar nichts von Ihnen wissen? Der pAp (i.e. »persönliche Ansprechpartner«) wäre doch völlig überfordert. Es Ihnen gut gehen zu lassen, ist auch nicht unbedingt seine Aufgabe.

K (lacht): die Witzfigur? Mit dem würde ich außerhalb von dem Jobcenter gar nicht reden. Stelle ich mir was Besseres vor ...

B: Was denn ?

K: Mal mit jemand vernünftig reden, eine schöne Einladung, ein längerer Spaziergang mit jemand, den ich gern habe ...

B: Das sind Sie sich schon wert.

K: Ja, finde ich schon. So was steht einem im Leben doch zu, auch Arbeitslosen.

B: (überrascht) Ja, das finde ich eigentlich auch.

Weiteres Beispiel:

K: Das macht mich auf Dauer kaputt, das alles.

B: Was denn alles?

K: Diese ganze Nutzlosigkeit, diese dauernde Anstrengung, der ganze Stress, der dann immer umsonst ist …

B: Sie meinen, das bringt Sie überhaupt nicht weiter, irgendwie, dass Sie mal auf einen grünen Zweig kommen.

K: Da fühle ich mich wie eine Maschine, die funktioniert im Leben, um Aufträge abzuarbeiten, gar nichts, was mit mir persönlich zu tun hat.

B: Was macht denn diesen Unterschied aus zwischen Maschine und dem, was wirklich was mit Ihnen zu tun hat?

K: Na, das ich selbst bestimmen kann, was ich tue und was nicht.

B: Können Sie das denn nicht?

K: Na, mit dem bisschen Geld machen Sie mir das mal vor! Das beschäftigt mich die ganze Zeit, wie wir das machen sollen, da über die Runden zu kommen.

B: Das ist aber schon Ihr ganz persönliches Ziel, das zu schaffen, da nicht zu resignieren, auch wenn es schwierig ist. Und ich habe das auch so verstanden, dass das gehen soll, ohne dass Sie dabei kaputt gehen.

K: Das geht nicht. Da habe ich keinen Ausgleich. Mehr als gerade so nicht kaputt gehen ist nicht drin.

B: Wo liegt da für Sie die Grenze, wo was nicht mehr geht? Damit Sie vorm kaputt gehen noch aufpassen, dass Sie es stoppen können.

K: So, viel mit dem Hund raus gehen, das tut gut. Und das kostet ja ausnahmsweise auch mal nichts.

B: Was tut Ihnen gut daran?

K: So den Kopf freikriegen. Eine halbe Stunde mal nur Luft und Himmel sehen, mich bewegen und spüren, dass der mich braucht, auf mich hört (seufzt) und wenn es nur der Hund ist. Dem ist es egal, ob ich einen Job habe.

B: Ja, Sie haben mir ja mal erzählt, wie schlimm es für Sie ist, wenn der krank wird.

K: Ja, da merke ich da dann, woran ich wirklich hänge, da

ist mir der ganze Stress dann egal, das können Sie mir glauben
…

Oder:

K: Ich mache nix mehr, was mir in den Rücken geht. Da
bin ich eisenhart (!), da können die sagen, was die wollen.

B: Für die Zukunft wollen Sie nicht noch kränker werden.
Den Rücken brauchen Sie noch.

K: Die machen mir mein Leben kaputt mit so was.

B: Wie meinen Sie das?

K: Wenn ich mich nicht mehr bewegen kann, ist mein
Leben vorbei. Da den Garten, meine Enkelkinder, nicht mal
mehr vor dem Fernseher sitzen kann ich ohne Schmerzen
und dann so ein idiotischer Vorschlag, für die Apotheke da
Lieferwagen entladen …

B: Haben Sie denn da nichts gesagt?

K: Nein, habe ich mich nicht gleich getraut.

B: Aber hier sagen Sie, das geht nicht für Sie. Dass es noch
wichtigeres für Sie im Leben gibt, wofür Sie Ihren Rücken
brauchen, wofür Sie nicht Ihre Gesundheit ruinieren wollen.

K: Wenn ich damit anfange, was ich eigentlich noch alles
machen wollte, und jetzt geht es bald gar nicht mehr.

B: Ach, wir haben ja noch zwanzig Minuten. Ein bisschen
von Ihren Träumen würde mich schon noch interessieren.

K: Das erlaube ich mir ja schon gar nicht mehr darüber
nachzudenken. Träumen ist für mich verboten.

B: Wer sagt so was?

K: Das sage ich mir selbst seit fünfundzwanzig Jahren, als
meine Tochter in die Schule kam und mein Mann mich betro-
gen hat …

B: Und soll es denn dabei bleiben?

K: Na, wenigstens meinen Rücken will ich retten, über das
andere brauchen wir nicht reden.

B: Vielleicht doch noch mal …

7.5 Hoffnung und Zuversicht stärken, Versagen und Enttäuschungen bewältigen

Klient: »Um die Krise zu überstehen oder zu lernen, mit ihr zu leben, nutze ich meine Möglichkeiten, um meiner Hoffnung auf eine bessere Zukunft ein Fundament zu geben. Ich bleibe realitätsverbunden und mache mir keine Illusionen, versuche aber, in Gedanken und Handlungen ein praktikables Zukunftsmodell für mich und meine wichtigsten Bezugspersonen aufzubauen oder zu erhalten. Eine Hilfe dabei kann, aber muss nicht meine religiös-spirituelle Haltung sein. Ich weiß, dass ich zukünftiges Glück nicht in der Hand habe, aber einen Beitrag dazu leisten kann. Rückschläge setzen dies nicht außer Kraft, sondern sind Hürden und Hindernisse am Wege, die mich aber nicht von ihm abbringen. Für meine Enttäuschungen und Verzweiflungen suche ich einen Platz, der mir Kraft zurück gibt bei einem anderen Menschen oder in und mit mir selber.«

Berater/-in: Orientierung auf Möglichkeiten (Potentiale, Ressourcen) statt auf Probleme, Defizite. Welchen Beitrag zur Bewältigung kann der Klient selbst erbringen? Was ist seine innere Haltgebung und Überzeugung? Was kann er einer depressiven Spirale entgegen setzen? Was ist ihm im Leben und für seine Zukunft wichtig? In der Beratung, Seelsorge zum »Wesentlichen« kommen, sich nicht davon abbringen lassen, dieser Spur zu folgen. Mit Mut Illusionen und Selbsttäuschungen benennen und realistische, gangbare Vorstellungen bestärken, eine persönliche »Hoffnungsgeschichte« benennen. Zukunftsszenarien befördern, wann immer es geht. In Situationen von Rückschlägen Bestätigung geben, nicht ablenken, aber beharrlich auf das »Weitergehen« zurückführen.

K: Wahrscheinlich kommt da gar nichts mehr. Ich muss mich wohl daran gewöhnen, dass das mit dem Arbeitsleben vorbei ist.

B: Was bedeutet das für Sie und Ihre Zukunft?

K: Keine Ahnung. Da weiß ich nicht, wie es weitergehen soll.

B: So ohne Arbeit können Sie sich Ihr Leben noch nicht vorstellen.

K: So ohne den ganzen Ablauf schon, aber wie ich so unter die Leute gehen soll, wie ich meine Zeit verbringe, was das Ganze so für einen Sinn haben soll? Ich habe doch immer gearbeitet, mein eigenes Geld verdient, da war ich selbstständig, da war ich wer …

B: Wer Sie sind ohne Arbeit, das können Sie sich schlecht vorstellen.

K: Ja, nur so Hobbies und so, das füllt einen Menschen nicht aus.

B: Ohne Arbeit gäbe es keine Aufgaben für Sie?

K: Keine, die ich wirklich ernst nehme.

B: Können Sie sich vorstellen, darüber noch einmal ganz neu nachzudenken, dass das so ein Projekt für Ihre Zukunft sein könnte?

K: Habe ich schon oft, aber das war dann so ein Rumgegrübel ohne Ergebnis. Und dann denke ich immer wieder, ohne Job ist das doch alles nichts.

B: Das steht Ihnen dann so im Wege, dass es da scheinbar noch kein Ergebnis geben kann. Ich möchte gern mit Ihnen noch mal aufgreifen, wie Sie das innerlich bewerten, alles, was irgendwie Arbeit ist, und was Ihnen da noch im Leben wichtig sein könnte, auch wenn das mit Arbeit nichts zu tun haben könnte.

K: Wenn andere mich da so ansprechen, denke ich, die wollen nur ablenken …

B: Ja, wenn Sie es so verstehen, will ich Sie auch etwas ablenken von den Problemen, und zwar in Richtung auf das, was Sie zuversichtlich machen könnte. Sie können ja aufpassen, dass wir da nicht zu optimistisch werden.

K: Ja das kann ich …

Eine andere Beratungssituation:

K: Ich habe keine Hoffnung mehr, dass es noch irgendwas bringt, noch mehr Bewerbungen zu schreiben.

B: Was könnten Sie sonst tun?

K: Weiß nicht. Habe ja alles versucht und das Arbeitsamt hat ja auch keine Angebote.

B: Sieht so aus, dass da im Moment nichts weitergeht. Was könnten Sie sonst tun?

K: Warten.

B: Sonst nichts? Was könnten Sie beim Warten tun? So wie im Wartezimmer beim Arzt.

K: Nachdenken und Zeitung lesen … (grinst).

B: Na, in diesem »Wartezimmer«, worüber würde es sich lohnen nachzudenken, und was müssten Sie lesen, damit das Warten gut überbrückt werden kann?

K: Ich denke da immer, dass ich mir nach dem Arzt was Gutes genehmige.

B: Was könnte das denn beim »großen Warten« sein?

K: Na, doch noch irgendein Job oder wenigstens ohne Job zufrieden sein.

B: Im Moment käme eher »ohne Job zufrieden sein« in Frage. Was müssten Sie sich da genehmigen?

K: Dass mir das irgendwie egal ist …

B: Klingt nicht so nach was Gutem …

K: Ja, weiß ich auch nicht, aber dann würde ich wenigstens immer so erfolglos »rumgeiern«.

B: Was dann? Abhängen, Entspannen?

K: Erstmal zur Ruhe kommen und dann in Ruhe gucken, was Du machen kannst.

B: So ein Abstand zum dauernd sich unter Druck setzen.

K: Ja, das wäre ganz gut, aber da fühle ich mich auch nicht so gut.

B: Was ist daran ok und was nicht? (Usw. usw., es ist von Bedeutung, dass die Beratungskraft hier in kleinen Schritten »mitgeht« und einen langsamen Klärungsprozess unterstützt, aber dafür nicht die Verantwortung übernimmt.)

Ein weiteres Beispiel:

K: Ich habe den Job als Autoverkäufer auch nicht gekriegt, aber die haben mir am Telefon gesagt, das wird schon noch, ich wäre da so an dritter Stelle gewesen.

B: Ein schwacher Trost, aber eine interessante Ansage.

K: Das nutzt mir auch nichts.

B: Ja, den Job haben Sie nicht bekommen, aber Sie waren auch nicht völlig chancenlos.

K: Und was habe ich davon?

B: Es könnte Sie ermutigen, dranzubleiben, weiter zu machen.

K: Nee, das tut es nicht. Knapp vorbei ist auch vorbei. Wie soll ich es denn sonst noch machen?

B: Sie sehen da eher den Misserfolg, nicht die Botschaft, dass es noch Chancen gibt.

K: Ja, ich habe keine Lust, mir da umsonst Hoffnungen zu machen. Nachher ist die Enttäuschung ja noch größer, als wenn von vornherein nichts drin gewesen wäre für mich.

B: Ja, das verstehe ich, aber das hat ja vielleicht auch damit zu tun, dass Sie selbst eine echte Chance gesehen hatten und das dann Ihnen noch mehr ausgemacht hat, als es nicht geklappt hat.

K: Wenn ich nur wüsste, was da schief gelaufen ist. Wenn Du nah dran bist, willst Du das doch wissen.

B: Haben Sie denn eine Idee dazu? Aber vielleicht hatte es ja auch gar nichts mit Ihnen persönlich zu tun. Das kommt ja auch vor.

K: Ja, meine ich ja, Du strengst Dich da an und hast doch keine Chance.

B: Keine Chance ist aber was anderes. Ich meine, ein Misserfolg kann andere Gründe haben, für die Sie gar nichts können, das muss Ihnen ja nicht die Hoffnung nehmen.

K: Ich will schon wissen, was ich machen kann, damit es nicht ständig danebengeht.

B: Wir können das zusammen überlegen, aber es geht auch darum, beim Misserfolg nicht aufzugeben.

K: Glauben Sie denn, ich kann das schaffen?

B: Mir macht es den Eindruck, aber entscheiden tut es sich daran, wie Sie damit umgehen, wenn es nicht klappt. Wenn Sie da aufgeben, sinken die Chancen ja.

K: Nein, ich will wissen, was ich machen muss, damit es klappt.

B: Da möchten Sie ansetzen, eine »Erfolgsstrategie« entwickeln. Da könnten wir mal schauen.

K: Ja, lieber als das deprimierende …

Nicht einfach ist es manchmal, mit dem Blick aufs Ganze beim Klienten zu bleiben!

7.6 Partner und Angehörige, verbliebenes soziales Netzwerk einbeziehen und nutzen

Klient: »Ich stehe nicht allein im Leben da. Mit meinem Partner habe ich die neue Lage besprochen. Wir haben gemeinsam einen Versuch unternommen, damit fertig zu werden und dabei auch schwierige Themen nicht ausgelassen. In der Familie und mit Angehörigen und Freunden habe ich versucht, neue Aktivitäten und Begegnungsmöglichkeiten zu erschließen. Mit Hilfsangeboten gehe ich dankbar, aber auch offen und entschieden um. Von meiner Umwelt beziehe ich wichtige Informationen und Möglichkeiten zum Ausgleich und zur Erholung vom »Arbeitslosendasein«. Institutionellen Hilfsangeboten stehe ich prüfend aufgeschlossen gegenüber. Wenn Sie mir passend für meine Lage erscheinen, kann ich sie nutzen. Als alleinstehender Mensch lasse ich mich über Anschlussmöglichkeiten an andere informieren und wähle für mich passendes aus«.

Berater: Sozialer Kontext und Umfeld werden nicht ausgeklammert. Auch und gerade in der Zeit einer (Dauer-)Arbeitslosigkeit geht das soziale Leben der Betroffenen weiter. Es werden aktiv Fragen nach Veränderungen in Ehe, Partnerschaft, Familie und Erziehung gestellt. Die Bedeutung der Aufrechterhaltung zumindest minimaler sozialer Netzwerke wird kontinuierlich thematisiert.

B: Außer dem Gespräch hier – mit wem hatten Sie denn sonst noch so Kontakt in der letzten Zeit?

K: Na, ja, im Amt war ich einmal und dann habe ich meine Tochter angerufen. Sonst will ich auch eigentlich niemand sehen. Das erinnert mich nur daran, dass es denen allen viel besser geht.

B: Wenn Sie jemand begegnen, fangen Sie gleich an zu vergleichen.

K: Ja, die sehen alle so zufrieden aus – das kann ich dann kaum aushalten, und überhaupt haben ja alle ihre eigenen Sorgen, da will ich niemand auf die Nerven gehen.

B: Gehen Sie denn anderen auf die Nerven?

K: Ja, das denke ich schon, wenn ich schlecht drauf bin.

B: Das wissen die anderen auch, dass es Ihnen im Moment nicht so gut geht?

K: Ja, manche fragen danach, aber ich will davon am liebsten gar nichts hören. Das macht mir Kopfschmerzen oder ich werde nervös.

B: Am liebsten alles mit sich selbst ausmachen, ist das am besten?

K: Eigentlich nicht, aber es läuft einfach blöd, wenn ich mit anderen zu tun habe.

B: (schlägt vor, in einem Rollenspiel mit einer wichtigen Bezugsperson ein Gespräch über die eigene Situation so zu führen, dass es keine Kopfschmerzen hinterlässt …)

K: Mit meiner Frau kann ich gar nicht mehr reden. Die regt sich nur noch auf.

B: Worüber denn?

K: Über alles, über mich.

B: Sagen Sie doch mal ein Beispiel, worüber so?

K: Dass ich nur noch zu Hause rumhänge.

B: Verstehen Sie, dass sie sich da aufregt?

K: Ja schon, aber was soll ich denn machen?

B: Sie haben gar keine Idee, wo Sie sonst so hingehen könnten oder was Sie sonst machen könnten.

K: Ich habe da keinen Antrieb und alles kostet Geld und mit jemand reden so, das fällt mir schwer.

B: Bei Ihrer Frau und bei anderen auch?

K: Na ja, das ist ein Unterschied. Meine Frau kann mein Gejammer nicht mehr hören und bei anderen, da sage ich gar nichts über meine Situation.

B: Also, Ihre Frau will mal was Neues hören und bei anderen müssten Sie ihren ganzen Mut zusammen nehmen …

K: Ja, die müsste hier mal zuhören, da würde sie nicht so denken.

B: (schlägt ein gemeinsames Gespräch mit der Ehefrau in der Beratung vor)

K: (will es sich überlegen)

B: (fragt nach Pro und Contra einer solchen gemeinsamen Beratung)

K: Es wäre für sie vielleicht gut, von jemand anderem zu hören, dass das nicht leicht ist …

B: Da könnte es helfen, wenn ich so etwas erzähle, wie es den Arbeitslosen so geht, so ein bisschen als Rechtfertigung, dass Sie so durchhängen …

K: Ja, das wäre gut. Vielleicht entspannt sie sich dann etwas.

B: Und Sie?

K: Dann kann ich ihr mal wieder anders in die Augen schauen.

K: Die Kinder spuren gar nicht mehr. Papa ist arbeitslos, der meint, der hat jetzt hier was zu sagen. Die sind richtig reni-tent.

B: Haben Sie ihr Verhalten verändert, seit Sie mehr zu Hause sind?

K: Ich sehe viel mehr, was die sich alles leisten. Und ich will ja auch, dass es denen nicht so passiert wie mir. Da treibe ich die schon mehr an mit der Schule und den Hausarbeiten und so …

B: Ach so, aus Sorge?

K: Meine Frau macht ja so die ganze Erziehung. Jetzt sehe ich erstmal, wie das alles so läuft. Da muss man hinterher sein.

B: Für Sie ist das so ein neuer Nebenjob, die Erziehung der Kinder zu überwachen.

K: (etwas angesäuert): soll das heißen, ich soll mich darum nicht kümmern?

B: Doch, wenn Sie wollen. Aber für Ihre Kinder und Ihre Frau ist das was Neues, die müssen sich erst noch daran gewöhnen, dass Sie da jetzt so mitmischen.

K: Ja, aber, ich meine das ja gut.

B: Das glaube ich Ihnen, aber vielleicht nehmen Sie da eine neue Rolle wahr, bei der die anderen noch nicht so recht wissen, woran Sie mit Ihnen sind und sich erstmal wehren.

K: Ja ich dachte, die Kinder schämen sich für meine Arbeitslosigkeit.

B: Vielleicht ist das auch ein Thema, aber erstmal wäre es doch gut, über Ihre neue Situation im Kontakt mit den Kindern als »Erziehungsberechtigter« zu reden … (schlägt einen Rollentausch mit einem Kind vor, das über die neue Situation zu Hause dem Berater berichtet).

7.7 Entscheidungen treffen, sein/e eigene/r Herr/in bleiben, Übernahme von (Selbst-)Verantwortung, Konflikte durchstehen

Klient: »Ich bin und bleibe derjenige, der letztendlich den weiteren Lebensweg bestimmt. Ich gebe die Verantwortung nicht ab und mache auch nicht andere für mich verantwortlich. Ich darf mich für oder gegen etwas entscheiden, wenn ich bereit bleibe, die Konsequenzen zu tragen. Im Konfliktfall vertrete ich meine Position, bin aber auch bereit, mich mit den Positionen der anderen auseinander zu setzen. Ich akzeptiere in meiner Rolle als Arbeitssuchender, dass andere Forderungen an mich stellen, bin aber in der Lage, mich gegen einen unangemessenen Umgang mit meiner Person zu verwahren.«

Berater/in: Rückbindung aller Statements des Klienten an seine eigene Wahrnehmung, Bewertung und Bedeutungsgebung, Ermutigung zu klaren Schritten und Entscheidung mit Risikobereitschaft, Ermutigung zum klaren Ja- und Neinsagen, Erkennen und Umsetzen des Eigenanteils bei der Zielverfolgung ansprechen und einfordern. Konfliktpartnerschaft: Position des Klienten verstehen und akzeptieren, Unterstützung beim »Durchstehen von Konflikten«, aber auch Hinweis auf Fehleinschätzungen, Selbstüberforderungen und Grenzen.

K: Meine Frau hat gesagt, ich sollte den Job bei der Zeitarbeitsfirma annehmen; vielleicht käme später noch was Besseres, aber jetzt wäre es erstmal was. Ich will aber eigentlich nicht mit so was anfangen und mich stört der Druck vom Jobcenter.

B: Was sind Ihre Gründe für diese Haltung?

K: Da wirst Du nur hin und her geschoben. Mein Kumpel ist da auch bei so was, der hat die Nase voll.

B: Was bedeutet das für Sie, dass Ihre Frau das will?

K: Ja schon, das macht es schwer, nein dazu zu sagen, die macht sich Sorgen.

B: Wie könnten Sie sie überzeugen, was für Sie der bessere Weg ist?

K: Mit Argumenten geht das nicht, das ist Gefühlssache.

B: Wie das?

K: Wenn sie das Gefühl hat, ich nehme die Stellensuche noch ernst, dann lässt sie mich.

B: Hat sie denn Grund, da an Ihnen zu zweifeln?

K: Ja, ich habe das schleifen lassen, aber das mit der Zeitarbeit will ich nicht, ich werde jetzt wieder mehr machen.

B: Dann müssen Sie jetzt noch Ihre Frau überzeugen, dass sich da was ändert innerlich bei Ihnen, dass sie da wieder mehr Vertrauen hat.

K: Ja, sie will ja auch ernst genommen werden.

7.8 Konkrete Erprobung und Umsetzung eigener Strategien, Pläne und Ideen; konkretes Umgehen mit problematischen Situationen

Klient: »Ich kümmere mich selbst um das Notwendige, um die Chance auf eine Wiederbeschäftigung zu erhöhen. Auch in anderen Lebensbereichen bleibe ich aktiv und versuche gestaltend mitzuwirken. Für vorherzusehende von mir nur schwer zu bewältigende oder unvertraute Situationen hole ich mir Unterstützung und nutze professionelle Angebote, um mich darauf vorzubereiten«.

Berater/in: Konkretisieren, konkretisieren, konkretisieren! Über verbale Kommunikation hinausgehende Erprobungs- und Handlungsexperimente vorschlagen und begleitend unterstützen: Rollenspiele, Gedankenexperimente, vorbereitende Besprechung herausfordernder Situationen. Realitätsprüfung von Klientenideen zur Zielerreichung.

K: Ich habe oft Probleme, mich aufzuraffen, mit den Bewerbungen und so. Wenn ich lange geschlafen habe, fehlt mir da die Energie und auch die Lust.

B: Wie läuft das morgens denn genau ab bei ihnen?

K: So vor neun wenig. Meine Frau weckt mich, wenn sie arbeiten geht, aber ich schlaf dann noch weiter.

B: Und Ihre Kinder?

K: Die sind dann schon lang weg. Für die bin ich der »Penner«, stimmt ja auch.

B: Ist es für Sie ein Ziel, morgens früher aufzustehen, um eine Bewerbung zu schreiben?

K: Das fände ich gut, aber ich schaffe es einfach nicht.

B: Wir könnten einen Plan machen, unter Einbeziehung Ihrer Frau, Ihrer Kinder und eines Weckers, so, dass das auf jeden Fall klappt, wenn Sie das wollen. Vielleicht müssten Sie dann aber auch früher ins Bett gehen. Nach dem Bewerbungsschreiben, könnten Sie dann einen Mittagsschlaf machen.

K: Keine üble Idee.

B: Wie wollen Sie das ausprobieren? Wer soll wann zuerst

einen »Weckversuch« machen und was soll die Konsequenz sein, wenn Sie das nicht ernst nehmen?

K: Wenn ich das meinem Sohn verspreche, versuche ich schon, es zu halten.

7.9 Protestieren und kämpfen, sich einsetzen für die eigenen Interessen, »Empowerment«, Selbstorganisation und Selbstbestimmung

Klient: » Ich setze mich für meine Interessen ein, suche Kontakt und Anschluss an Menschen in derselben Lebenslage, nehme Ungerechtigkeit und schlechte Behandlung nicht hin, solidarisiere mich mit anderen. Vielleicht engagiere ich mich auch politisch in für mich geeigneter Weise. Ich verstehe, dass Arbeitslosigkeit nicht nur mein persönliches, sondern ein ökonomisches Weltproblem ist und versuche auch von daher den Gesamtkontext zu sehen.«

Berater/in: Solidarische, ermutigende Grundhaltung. Auch im Berater/-innenleben ist politisches Engagement möglich. Ansonsten Einsetzen für den Ausbau von Beratungs- und Seelsorgeangeboten im Bereich der Arbeitslosen. Unterstützung von Selbsthilfeinitiativen.

7.10 Leben lernen mit der Dauerarbeitslosigkeit

Klient: »Ich sehe die Langfristigkeit meiner Situation, versuche eine neue Lebens- und Zukunftsplanung unter den gegebenen Bedingungen. Ich prüfe und verändere meine Werte, Erwartungen und Ziele. Ich setze weniger auf Sinngebung durch Erwerbsarbeit, sondern suche nach Alternativen. Ich baue Scham-, Schuld- und Minderwertigkeitsgefühle ab und suche nach neuen Quellen von Anerkennung und Selbstbestätigung. Ich suche in der Welt nach neuen unerledigten Aufgaben, die auf mich gewartet haben könnten oder in Zukunft meine Tätigkeit herausfordern. Ich vertraue auf etwas ›Höheres‹, begebe mich auf die Suche nach etwas Transzendentem, dass meiner Existenz Bedeutung, Tiefe und ›Geschichte‹ gibt, über meine berufliche Verwirklichung hinaus.«

Berater/in: Anerkennung der Dauerarbeitslosigkeit als grundlegende Lebenslage, die eine vollständige Umstellung und Umwertung im Leben bedeuten kann. Abschied nehmen von der Vorstellung, dass die Verbesserung der Vermittelbarkeit noch eine Lösung darstellen könnte. Erarbeitung weiterführender Themen über die Auseinandersetzung mit der Arbeitssuchendensituation hinaus. Nicht zuletzt: Klärung der eigenen Lebenswerte (»Was wäre mit mir als Berater/-in ohne meine Berufstätigkeit«?)

K: Eigentlich habe ich seit drei Jahren kein Angebot mehr gekriegt. Die können mich schon mal ausmustern.

B: Ausmustern klingt ja ziemlich negativ. Ist es nicht eher so, dass da schon länger eine andere Lebensphase bei Ihnen begonnen hat?

K: Will ich auch gar nicht mehr, habe ich mich schon dran gewöhnt.

B: Aber noch mit schlechtem Gewissen.

K: Klar. Will ja keiner die Hoffnung aufgeben. Alle Welt redet immer nur vom Jobsuchen.

B: Sie überlegen insgeheim, wie so ein Leben aussähe, wenn Sie die Jobsuche aufgeben würden.

K: Ja, für mich schon, aber reden kann man da nicht drüber. Das will keiner hören.

B: Mögen Sie mir vielleicht sagen, was sonst eigentlich niemand von Ihnen hören will?

K: Ich will mal ein ruhiges, zufriedeneres Leben führen, nicht immer nur was nachrennen, was doch nicht funktioniert. Es gibt schon noch ein paar Sachen, um die ich mich kümmern könnte, bevor ich es nicht mehr kann …

Soweit einige Beispiele. Fengler (2009) weist auf typische »Gesprächsfallen« in der Beratung mit armen Klienten hin und analysiert einige Dynamiken im Gesprächsverlauf, die auch in der Beratung mit arbeitslosen Menschen relevant sind und hier kurz kommentiert seien.

»Ambivalenzen zwischen Bedürftigem und Beratendem«: Die Beratungskraft sollte sich der unterschiedlichen Herkunft, verschiedenen Bildungsgrades und Alltagserfahrung sowie der von ihr eingenommenen Rolle bewusst sein. Wir können als Retter, Prüfer, Sanitäter, Mitleidender, Gönner, Versorger von den Klienten wahrgenommen werden. Sie neigen dann dazu, eine Komplementärrolle einzunehmen und unsere Tendenz noch zu verstärken.

»Scham des Klienten – Tatendrang des Beraters«: Zurückhaltung, Gesprächshemmung und peinliche Berührtheit mögen am Anfang des Gesprächs stehen. Die implizite Beraterforderung »Wenn die Not groß ist, muss man sich die Bescheidenheit abschminken« mag vom Klienten erst einmal nicht geteilt werden.

»Es trifft Über-Ich«: Das Beratenden-Über-Ich mag Zweifel an der Bedürftigkeit des Klienten hegen oder Neid auf dessen triebhafte Gier oder Unverschämtheit in der Inanspruchnahme seiner Dienste entwickeln. Dadurch sieht es sich gegebenenfalls zum »Ausbremsen« des Klienten veranlasst.

»Offenes Bekenntnis des Klienten – Peinliche Berührtheit des Beraters«: Die reflexhaften Reaktionsmodi von Kampf oder Flucht in der Konfrontation mit unverblümt geschildertem Elend stehen im Beratungskontext nicht zur Verfügung bzw. wird sich die Beratungskraft nicht erlauben. Natürliche Kontakt- und Gesprächshemmungen müssen überwunden, thematische Tabuisierungen vielleicht überwunden werden.

»Anklage und Schuldgefühle« und *»Extrapunitive Eskalation«*: Mancher Klient mag auch den Berater in einer unverdient privilegierten Position erleben und aggressiv »angehen«, ihn als Teil des alle umfassenden ungerechten Systems anklagen. Dieser muss sich dann mit eigenen Schuldgefühlen bezüglich seiner vermeintlich unrechtmäßigen Vorteile im Leben auseinander setzen »Hat der Klient nicht eigentlich recht?«. Eigene innere Rollenambivalenzen müssen innerlich

geklärt werden, vor sich selbst Verantwortung für die »Über-
privilegierung« übernommen werden.

»*Verführungsstrategien und Verführbarkeit*«, »*Komplizen-
schaft oder Abgrenzung*«: Hier droht die »Solidarisierungs-
falle«. Der Berater verliert im Prozess seine Unabhängigkeit,
weil er einen Versorgungsauftrag übernimmt, sich zum
Beschützer des Benachteiligten und Diskriminierten auf-
schwingt. Kommen Anerkennung und »Schmeicheleien« der
Klienten hinzu (»mit Ihnen kann man doch ganz anders reden als sonst wo«), droht der Distanzverlust, der sich bei der
nächsten Enttäuschung des Klienten kommunikativ rächen
kann. Die Beratungskraft hat hier darauf zu achten, weder
korrumpierbar zu werden noch sich in den Augen des Klienten durch Überdistanzierung zu »disqualifizieren«. Sonst
kann der wirksame Zugang zum Klienten verloren gehen.

»*Die Leitlinie des Pechvogels*«: Das Einnehmen der tra-
gischen Opferrolle durch den Klienten »alles hat sich gegen
mich verschworen« wendet sich Mitleid heischend an die
»weiche« Seite des Beraters, der sich in der Bestätigung dessen
verständnisvoll fühlen kann, aber sich seiner beraterischen
Potenz und Autonomie beraubt. Wichtig sei es auch, hier
nicht aus einem unausgesprochenen diakonischen Kontext
in ein »Armuts- oder Schicksalspathos« zu verfallen und den
beratenden oder psychotherapeutischen Anspruch zugunsten
einer »Option für die Benachteiligten« zu vernachlässigen.

Als wünschenswerte Haltung des Beraters beschreibt
Fengler (2009) abschließend eine Position »zwischen Ethik
und Pragmatik«, die ihm erlaubt, diagnostisch und Bedürf-
tigkeiten prüfend einer eigenen Wahrhaftigkeit verpflichtet
zu bleiben, auch eigene Lösungsvorschläge auch einmal gegen die Vorstellungen des Klienten einzubringen, aber auch
Sympathie mitbringt und vor allem die eigene Psychohygiene
und notwendige Burnoutprophylaxe für diese schwierige Beratungssituation nicht außer Acht lässt.

Was kann der Berater von Arbeitslosen für sich selbst
tun? Fengler (2009) unterbreitet als Vorschläge im Falle einer
drohenden Überforderung einerseits die Nutzung von »Re-

paraturmöglichkeiten« in der Person selbst, im Privatleben, im Team, bei Vorgesetzten und hilfreichen Institutionen. Andererseits weist er auf einen »salutogenen Hilfskoffer« hin, der für ihn Aspekte wie etwa »Achtsamkeit für den Körper, genügend harmonische Bewegung«, aber auch kognitive Merkmale wie »Konzentration auf die gegenwärtige Aufgabe, Gedankenklarheit, Augenmaß in den Zielen oder besonnene Sprache« umfasst. »Umsicht im Handeln, Bejahung des eigenen Tuns, Konstruktivität in Beziehungen und eine innere Haltung von Güte, Liebe und Dankbarkeit« vervollständigen dieses Gepäck.

8. Zusammenfassung und kritische Nachbemerkung

Wir fassen abschließend zusammen: Ausgehend von der Betrachtung der Arbeit als essentiell für menschliche Existenz haben wir die Notlage arbeitsloser Menschen vor allem im psychischen und Beziehungsbereich näher betrachtet. An Beispielen wurde verdeutlicht, wie die Betroffenen dies erleben und wer am meisten gefährdet ist, in diese Lage zu geraten. Die verschiedenen Dimensionen, auf denen Arbeitslosigkeit lebensverändernd und manchmal –gefährdend wirkt, wurden ausgiebig beleuchtet. Ergebnisse der sozialpsychologischen Arbeitslosigkeitsforschung haben dies untermauert. Wir haben in seelsorglichen Reflektionen einen spezifischen Blick auf diese spezielle Lebenslage geworfen. Als Konsequenz wurde überlegt, mit welchen besonderen Grundhaltungen, Zielsetzungen und Methoden Seelsorge und Beratung mit Arbeitslosen und ihren Familien geschehen könnte. Abschließend wurden einige Beispiele aus der praktischen Beratungsinteraktion gegeben.

In der nicht nur unverbindlich und sporadisch angebotenen, sondern beabsichtigten und geplanten beratenden oder seelsorglichen Arbeit mit Arbeitslosen haben wir selbst unterschiedliche Rollen oder Aufträge (Motivierer, Problemlöser, Übergangsmanager, Arbeitsfindungsbeauftragter, Ermöglicher für das Ertragenkönnen eines unabwendbaren Schicksals) wahrzunehmen und treten uns die Klienten in verschiedenen Rollen gegenüber: als Mensch, Beziehungsgegenüber, als Leidende und Ausgegrenzte, ohnmächtig oder unmotiviert und überfordert nicht mehr »mitmachen Wollende«.

Seelsorge und Beratung haben dann ihre spezielle, mitunter

auch kritisch zu sehende Rolle bei der übergeordneten herr-
schaftlichen Zielstellung und -führung: die Wiedereingliederung des Menschen in bezahlte Arbeit und Wiederherstellung
der »Beschäftigungsfähigkeit« sollen ermöglicht werden.
Wegner (2008) beschreibt das Hartz 4-Konzept als »fürsorgliche Aktivierung«, »Fördern und Fordern«, »erzieherische
Aufgabe staatlicher Institutionen«, »fürsorgliche Belagerung«
des Klientels. Leitlinie des SGB 2 sei: »Jeder wird gebraucht«
statt »Jeder wird versorgt«.

Es wird eine generelle Integrierbarkeit durch Arbeit behauptet, die weder durch die Verfügbarkeit geeigneter Beschäftigungsmöglichkeiten noch durch angemessene Platzierung
von Förderungsangeboten für diejenigen, die nicht mithalten
können, eingelöst wird. Dauerarbeitslosigkeit wird so un-
ausweichlich zur bleibenden Lebenslage für Millionen Menschen. Und die, die es wirklich nicht mehr schaffen (können),
stehen unter Dauerverdacht von Arbeitsverweigerung.

In der Beratung stehen wir vor der misslichen Lage, an der
äußeren Situation der Klienten wenig ändern zu können. Belastung durch Arbeitslosigkeit unterscheidet sich mit ihrer gesamtgesellschaftlichen Bedingtheit von anderen psychischen
Problemen; sie ist ein strukturelles, kein persönlich bedingtes
Problem! Beratung und Seelsorge sind so meines Erachtens
zuvorderst mit der Aufgabe der Würdewahrung und -wieder-
herstellung der Betroffenen befasst. So ist es kein Zufall, dass
der Umgang mit Armen und Arbeitslosen in Deutschland
auch von Seiten der Menschenrechtsexperten kritisiert wird
(Bielefeldt 2009). Wir sollten dies in unserer Arbeit nicht vergessen und dem etwas entgegen setzen!

9. Hilfreiche Adressen

In vielen kirchlichen Beratungsstellen (Lebensberatung, Familien- und Erziehungsberatung, Suchtberatung, Schuldnerberatung und andere kirchliche und diakonische Beratungsdienste) wird das Modell der »Psychosozialen Betreuung« (Schoppa 2006) als »Wiedereingliederungsleistung« (Element der »Eingliederungsvereinbarung«) nach § 16,2 SGB II in Kooperation von Beratungsstellen und Job-Centern angeboten und ist ein wertvoller Schritt dahingehend, professionelle psychologische Beratung zu den Betroffenen zu bringen und einen Raum zu schaffen, der sanktionsfrei und den Vermittlungsdruck mindernd den zur »Betreuung Empfohlenen« ein professionelles Gesprächsangebot unterbreitet. Persönliche Ansprechpartner und Fallmanager in den Jobcentern veranlassen eine entsprechende »Überweisung« für einen begrenzten Zeitraum. Vielen Betroffenen wird hier erstmals im Leben ein Schritt zu fachlicher Beratung ihrer psychosozialen Situation geebnet, der eine Anbindung an weiter gehende Unterstützungsangebote ermöglicht und einen neuen »Platz« für Öffnung und Kommunikation bietet. Informationen hierzu gibt es z.B. bei den evangelischen Hauptstellen für Lebensberatung, den Diakonischen Werken der einzelnen Landeskirchen oder in den Diensten vor Ort, im katholischen Bereich bei den Diözesanbeauftragten und den Caritas-Einrichtungen.

Die *Kirchlichen Dienste in der Arbeitswelt* in den einzelnen Landeskirchen beschäftigen sich sehr intensiv mit der Thematik; hier gibt es beauftragte Theologen/innen, die gut in die Materie eingearbeitet sind und häufig auch engen Kontakt zu Firmen und Arbeitsverwaltung vor Ort pflegen.

Noch vereinzelt, aber zunehmend beschäftigen sich Landeskirchen, Sprengel und Gemeinden mit der Frage, wie arbeitslose Menschen aktiver und angemessen in ein aktives Gemeindeleben integriert werden können. So haben etwa die Evangelische Kirche im Rheinland, das Diakonische Werk und das Bistum Trier im Herbst 2009 gemeinsam einen Fachtag geplant zum Thema »Langzeitarbeitslose in der Kirchengemeinde«. Hier konnten bereits existierende »gute Beispiele« vorgestellt werden.

Viele *Arbeitslosenberatungsstellen, Arbeitslosenzentren, Arbeitsloseninitiativen und -selbsthilfegruppen* gibt es im Land, viele davon auch in kirchlich-diakonischer Trägerschaft. Örtliche Adressen finden sich am ehesten im Internet mit Hilfe einer Suchmaschine, in die eines dieser Stichwörter und ein Ort oder eine Region einzugeben sind.

In der EKD und in verschiedenen Landeskirchen gibt es *Beauftragte für das Thema Arbeitslosigkeit*. Mit Forschungsergebnissen, Stellungnahmen und Grundsatzreferaten begleitet das *Sozialwissenschaftliche Institut der EKD* die politische und kirchliche Diskussion. Auch beim *Diakonischen Werk der EKD* wird das Thema Arbeitslosigkeit, auch im Zusammenhang mit der Armutsproblematik und defizitärer gesamtgesellschaftlicher Gerechtigkeit in entsprechenden Fachreferaten immer wieder aufgegriffen. Es lohnt sich, dies mit Interesse zu verfolgen.

10. Literatur

Bielefeldt, Heiner, Gegen Armut und Soziale Ausgrenzung- Menschenrechte als Anspruch einer inklusiven Gesellschaft, Vortrag auf der Zentralen Jahrestagung der Ev. Konferenz für Erziehungs- und Familienberatung (EKFuL) Berlin 15.–17. Juni 2009.

Biro, Michael, Der narrative Ansatz in der systemischen Familientherapie, Systemische Notizen 03/2007.

Bonhoeffer, Dietrich, Ethik, München 1961.

Chu, Victor, Lebenslügen und Familiengeheimnisse, Stuttgart 2005.

Coordes, Robert, Platz haben. Training & Coaching 3/2006, Online-Skript: www.coordes-coaching.de.

Dobelli, Rolf, Und was machen Sie beruflich?, Zürich 2005.

Evangelischer Erwachsenenkatechismus, Gütersloh 1975.

Fengler, Jörg (2009), Vortrag »Armut und Beratung: Spurensuche in einer heiklen Begegnung«, Zentrale Jahrestagung der EKFuL Berlin, 15.–17. Juni 2009.

Förster, P. et al., Die »Wunde Arbeitslosigkeit«, Bundeszentrale für politische Bildung: Aus Politik und Zeitgeschichte (APuZ 40–41/2008).

Frese, Michael, Arbeitslosigkeit, Was wir aus psychologischer Perspektive wissen und was wir tun können, Aus Politik und Zeitgeschichte 29/2008.

Friedrichs, Julia/Müller, Eva/Baumholt, Boris, Deutschland Dritter Klasse, Hamburg 2009.

Huth, Wolfgang, Seelische Belastungen und beraterische Interventionen bei Arbeitslosigkeit, Fokus Beratung (EKFuL), Mai 2006.

Koschorke, Martin, Arbeitslose – Bürger ohne Existenzberechtigung, Fokus Beratung (EKFuL), Mai 2006.

Kreutzer, Ansgar zit. nach Koller, E./Kreutzer, A./Vondrasek, B., Skandal Arbeitslosigkeit – Theologische Anfragen, Linz 2007.

Lazarus, Richard S., Stress and Emotions: A New Synthesis, New York 1999.

McKay, Matthew et al., Stimmungsmanagement: Wir fühlen, was wir denken, Psychologie Heute 8/2009, 20–25.

Meireis, Torsten, Erwerbsarbeit und gesellschaftliche Integration, Ztschr. »Ev. Ethik« 2006.

Mohr, Gisela, Erwerbslosigkeit, in: Enzyklopädie der Psychologie, Band Arbeitspsychologie, Göttingen 2009.

Mohr, Gisela/Richter, Peter, Psychosoziale Folgen von Erwerbslosigkeit – Interventionsmöglichkeiten, Bundeszentrale für politische Bildung: Aus Politik und Zeitgeschichte (APuZ 40–41/2008).

Morgenroth, Christine, Arbeitsidentität und Arbeitslosigkeit – ein depressiver Zirkel, Bundeszentrale für politische Bildung: Aus Politik und Zeitgeschichte (B 06–07/2003).

Morgenthaler, Christoph, Systemische Seelsorge, Stuttgart 2002.

Negt, Oskar, Arbeit und menschliche Würde, Göttingen 2001.

Potreck-Rose, F./Jacob, G., Selbstzuwendung, Selbstakzeptanz, Selbstvertrauen, Stuttgart 2003.

Rau, Johannes (ehem. Bundespräsident), 12.05.2004, zit. nach: Förster, P. et al.

Sailer-Pfister, Sonja, Theologie der Arbeit vor neuen Herausforderungen, Berlin/ Münster 2006.

Schmid, Wilhelm, Mit sich selbst befreundet sein, Frankfurt am Main 2004.

Schmidt, Gunther, Liebesaffären zwischen Problem und Lösung, Heidelberg 2004.

Schobel, Paul, Arbeitslos – nicht hoffnungslos, Vortrag bei der Bischöflichen Arbeitslosenstiftung Linz 2007.

Schoppa, Hans-Günter, Arbeit dingend gebraucht – ohne Arbeit leben müssen, in: Fokus Beratung (EKFuL) 9, November 2006.

Seligman, Martin E.P., Erlernte Hilflosigkeit, München/Wien/Baltimore 1979 (Tb 2000).

Sölle, Dorothee, Lieben und arbeiten, Eine Theologie der Schöpfung, Stuttgart 1986.

Tobler, Sibylle, Arbeitslose beraten unter Perspektiven der Hoffnung, Stuttgart 2004.

Trelle, Norbert (Kath. Bischof von Hildesheim), Osterpredigt 2009.

Wegner, Gerhard, Aktivierung subjektiver Selbstführung – Hilfe oder Herrschaft?, Zeitschrift für Evangelische Ethik 52.Jg. Gütersloh 2008.

Yalom, Irvin D., In die Sonne schauen, München 2008.